资源型经济发展新视野

——晋－京津冀一体化

A NEW VISION OF RESOURCE-BASED

ECONOMIC DEVELOPMENT

The Integration of Shanxi and JJJ Region

张　婷　著

社会科学文献出版社

SOCIAL SCIENCES ACADEMIC PRESS (CHINA)

序

　　本书通过考察商品和要素市场的一体化特征，发现山西与京津冀一体化水平较低，制约因素主要是制度环境、营商环境、贸易便利化水平较低。阻碍一体化发展、公平竞争的规制壁垒多种多样，而且变得越来越隐蔽。随着国内外经济形势的变化，一些新的需求、事项以及规制也会不断出现。对阻碍贸易、影响经济一体化的规制壁垒的识别方法，要不断改革和创新，并且要进行持续性研究。持续关注新的经济动态，既要不断改革完善原有规制，也要创新设计新的规制。另外，要加强研究适合中国国情、具有中国特色的规制评估体制，通过提高技术水准为规制壁垒识别和新规制设计提供更加科学准确的决策依据。

　　全面贯彻党的十九大及历届全会精神，深入贯彻习近平总书记系列重要讲话精神和治国理政新理念新思想新战略，认真落实党中央、国务院决策部署，统筹推进"五位一体"总体布局、协调推进"四个全面"战略布局，牢固树立和贯彻落实新发展理念，坚持以提高发展质量和效益为中心，以推进供给侧结构性改革为主线，深入实施创新驱动发展战略，推动能源供给、消费、技术、体制革命和国际合作，打造能源革命排头兵，促进产业转型升级，扩大对内对外开放，提高生态环境质量，实现资源型经济转型实质性突破，将山西省建设成为创新创业活力充分释放、经济发展内生动力不断增强、新旧动能转换成效显著的资源型经济转型发展示范区。山西省是我国重要的能源基地和老工业基地，是国家资源型经济转型综合配套改革试验区，推进资源型经济转型改革和发展具有重要意义。我国经济发展进入"新常态"，对资源型经济转型发展提出了新的更高的要求。要加快破解制约资源型经济转型的深层次体制机制障碍和结构性矛盾，走出一条转型升级、创新驱动发展的新路，努力把山西省改革发展推向更加深入的新阶段，为其他资源型地区经济转型提供可复制、可推广的制度性经验。

　　法治建设是成功推进经济一体化发展的关键，也是加快建立"统一开放、竞争有序"的宏观开放经济体系的根本保证。加强市场规制法制研究是建设统一市场的根基，要综合运用市场、组织、政府在经济协同发展中的积极作用。本书试图构建资源经济一体化发展的改革理念和实施策略。

2021 年 11 月于北京贸大惠园

目 录

绪 论………………………………………………………………… 1

第一章 区域经济一体化的基础理论……………………… 6

  第一节 理论分析…………………………………………… 6

  第二节 实证检验 ………………………………………… 10

  第三节 区域经济一体化理论的新发展 ……………… 16

第二章 区域经济一体化的特征 ………………………… 19

  第一节 商品市场一体化 ………………………………… 19

  第二节 生产市场一体化 ………………………………… 22

  第三节 金融市场一体化 ………………………………… 25

  第四节 劳动力市场一体化 ……………………………… 34

第三章 晋－京津冀商品市场一体化发展 ……………… 38

  第一节 山西经济协同发展的基础 ……………………… 38

  第二节 商品市场一体化 ………………………………… 40

  第三节 商品市场一体化程度的测度 ………………… 42

  第四节 小结 ……………………………………………… 61

第四章　晋－京津冀生产一体化发展 ……………………… 65

　第一节　相关理论发展 ………………………………… 66

　第二节　晋－京津冀区域生产一体化分析 ……………… 67

　第三节　晋－京津冀生产一体化与经济增长 …………… 80

　第四节　模型构建与变量说明 ………………………… 83

　第五节　小结 …………………………………………… 93

第五章　晋－京津冀金融市场一体化发展 ………………… 98

　第一节　山西加入京津冀经济圈的可行性分析 ………… 98

　第二节　山西加入京津冀经济圈金融一体化程度测定

　　　　　及实证分析 ……………………………………… 100

　第三节　制约金融一体化发展水平的因素分析 ………… 109

　第四节　晋－京津冀经济圈发展联系程度 ……………… 116

　第五节　晋－京津冀经济圈的相互融合 ………………… 118

第六章　晋－京津冀劳动力市场一体化发展 ……………… 123

　第一节　必要性和现实意义 …………………………… 124

　第二节　劳动力市场一体化的实践与经验借鉴 ………… 125

　第三节　晋－京津冀劳动力市场一体化的现状 ………… 127

　第四节　晋－京津冀劳动力市场一体化的测度 ………… 131

　第五节　推进晋－京津冀劳动力市场一体化的措施 …… 144

第七章　山西对外贸易基础 ………………………………… 150

　第一节　山西省经济增长的驱动因素分析 ……………… 150

　第二节　山西的煤炭贸易因素分析 …………………… 153

第八章　区域经济一体化的规制壁垒……………………… 165

第一节　区域经济一体化的制度环境评估……………… 165

第二节　区域经济一体化发展的规制壁垒……………… 182

第九章　资源型经济圈的建立路径与战略发展……………… 210

第一节　深化行政机制在区域经济建设中的积极作用……… 211

第二节　完善市场机制在区域经济建设中的积极作用……… 213

第三节　发展组织机制在区域经济建设中的积极作用……… 214

参考文献…………………………………………………… 218

绪　论

　　区域经济一体化是"双循环"背景下经济转型升级阶段的重要战略部署。党的十八届三中全会以来，建立统一开放、竞争有序的市场体系，清理和废除妨碍全国统一市场和公平竞争的各种规定和做法，减少了市场分割，提高了市场统一程度，实现了统一市场。京津冀、长三角、珠三角、中原经济区、成渝经济区等区域的发展经验的积累，为资源型区域经济发展提供了丰富和难得的保障。作为资源型区域经济发展模式的典型省份，山西区域经济发展面临着新的机遇和挑战。山西省地处内陆，加上太行山阻隔，经济发展呈现封闭特征，不仅与周边地区间存在市场分割，而且省内市场间也存在较大分割。因此，加强山西与周边地区的经济一体化发展，既可以加快山西及周边区域经济的同步发展，又可以探索资源型区域经济发展新模式，促使该区域成为我国区域发展战略中新的增长极，推动我国经济从粗放型向集约型发展。经济学界非常重视对区域经济一体化发展的研究。

　　首先，自1978年实施改革开放以来，我国经济持续发展壮大，开放型经济建设不断取得突破。特别是2001年加入世界贸易组织以来，我国迅速崛起为世界贸易大国，进出口额从1978年的206亿美元增长至2011年的3.64万亿美元，并从2009年起成为世界第一出口大国。2010 年，我国 GDP 更是超越日本，成为世界第二经济大国。2020 年中国经济规模首次突破 100 万亿元，GDP 规模达 101.6 万亿元，占全球 17% 以上，相当于美国的 70%，中美经济规模快速接近。如果未来几年中国经济保持年均 5.5% 左右的增长，那么将在 2030 年前后超越美国成为全球第一大经济体。

2020 年海外疫情反复，欧美等国供给速度不及需求速度，存在供需缺口，而中国较快控制住疫情，货物贸易规模突破历史纪录，贸易大国地位进一步巩固，成为全球生产订单的替代工厂和防疫物资供给大国，中国货物进出口总额达 4.65 万亿美元，较上年增长 1.5%，突破历史纪录，其中出口 2.59 万亿美元，较上年增长 3.6%。中国对外持续放宽市场准入，利用外资金额进一步提升，自贸区建设取得新突破。2020 年外商投资准入负面清单进一步缩减，服务业、制造业、农业开放水平提高，激发新一轮外商投资。2020 年实际使用外商直接投资金额 1.0 万亿元，增长 6.2%，其中高技术产业实际使用外资 0.3 万亿元，增长 11.4%，快于整体。自贸区建设也取得新突破，2020 年 11 月成功签署《区域全面经济伙伴关系协定（RCEP）》。中国与"一带一路"国家合作持续深化，对"一带一路"国家非金融类直接投资额达 177.9 亿美元，增长 18.3%，占全国对外投资的比重上升到 16.2%；在"一带一路"国家承包工程完成营业额 911.2 亿美元，占全国对外承包工程的 58.4%。中国对内进一步完善法规体系，持续改善营商环境，持续释放改革红利，推动经济结构优化升级，创造经济增长新动能。2020 年 7 月，世界银行发布《中国优化营商环境的成功经验——改革驱动力及未来机遇》专题报告，总结中国近年来在开办企业、获得电力、办理建筑许可等领域的改革举措，认为中国近年来在优化营商环境领域取得了史无前例的成就。在区域经济发展方面，从长时间跨度来看，我国国内区域经济一体化程度在逐步提高，然而从发展程度来说，我国国内区域经济一体化程度还有待加深。这一方面说明我国区域经济一体化的规模亟须扩大，另一方面也说明我国区域经济一体化的发展还有巨大潜力。为了使潜力转变成现实，并为将来的区域经济发展提供理论支持，学术界必须加强对区域经济一体化的研究。

其次，近年来中国区域经济一体化发展之迅猛，已引起国内国际广泛关注。2004 年以来，随着经济实力的增强，中国区域经济一体化的发展逐步由低级向高级、由简单向复杂、由平面向立体演进。我国市场经济体制已基本形成，特别是长三角和珠三角已成为我国的制造业中心；西部大开发中，传统产业和高新技术产业都出现了可喜的发展势头；振兴东北老工业基地也已进入实质性操作阶段。但是，由于各方面的原因，中国区域经济一体化的发展结果参差不齐。在市场机制的作用下，生产要素大量地向东部地区流动，西部地区受各种条件的限制，发展仍较缓慢。东部地区自我积累、自我发展能力强，外来资本、民间资本充足，产业结构迅速升级，制造业、服务业和外贸已成为拉动经济增长的主要力量；西部地区经济增长主要靠基础建设投资拉动，国有资本仍占主要地位，外资、民间资本不足，制造业、服务业发展不快，投资效益不高。因此，东西部地区之间的经济总量、发展速度、人均收入水平差距仍在继续扩大。1998 年东西部地区 GDP 增长速度之比为 1.43∶1，2002 年扩大为 1.57∶1。在人均GDP 方面，2002 年西部地区约为 600 美元，而东部地区则为 1700 美元，东部约为西部的 3 倍。如何逐步实现区域经济一体化，是学术界亟须深入、系统研究的问题。

再次，区域经济一体化是我国实施区域经济发展战略的核心内容。区域经济一体化发展形式主要有欧盟发展形式、北美自由贸易区发展形式、东亚经济合作发展形式，其中东亚经济合作发展形式是区域经济一体化在亚洲的亮点。区域性国际经济组织可以分为一般区域性国际经济组织和区域性经济一体化组织，后者比前者有着更紧密的地区经济依赖关系。我国区域经济一体化发展能否"走出去""走得好""立得住"，如何"走出去"，不仅关系到我国开放经济建设与持续发展大局，也关系到我国的国际地位和国际影响力。尽管区域经济一体化发展的构想早在 2000 年 11 月建立中国－东盟自由贸易区时就已明确提出，但还有许多重大的理论和实践问题。例如，在国际层面，中国区域经济一体化在目的国家和地区上如何选择；在国家层面，应该从哪些地区开始布局；在微观层面，中国区域经济一体化对本区域企业的（国际）竞争力、工资和就业、出口等是否有影响，如果有影响，其机制是什么；等等。

最后，区域经济一体化是不可逆转的潮流和趋势。在相当长的时间里，区域经济一体化仍会蓬勃发展。在此过程中，国家利益与集团利益之间的矛盾、集团之间的矛盾以及许多不确定的因素依然存在，所以区域经济一体化发展的道路是不平坦的。各区域集团在贸易上对外部市场都有很大程度的依赖，尽管区域集团成员具有排他性，但也不可能采取全封闭的政策。当前，资金、技术、生产资料、劳动力等已日益国际化，集团间的投资和兼并又进一步加强了它们相互之间的依存度，促进了世界多边贸易的发展。

地方保护和政府干预造成市场分割严重。山西省的一些优惠本地企业、歧视外地企业的税收政策等地方法律法规，使其生产性投入具有一定的封闭性，加剧了山西与省外市场的分割。因此，只有打破地方保护，反对垄断和不公平竞争，加强政策机制建设，才能推动山西经济一体化发展。所以，山西经济一体化的研究主要集中在以下三个方面。第一，考察区域一体化的特征，运用"冰山运输成本"以及面板协整检验等方法，测度商品、金融和劳动力市场的一体化水平。第二，识别阻碍市场竞争和经济一体化的规制壁垒，并分析主要规制壁垒对经济发展要素进入或退出本地市场的影响。评估经济一体化发展的环境，包括制度瓶颈、营商环境、贸易便利化。第三，设计和构建竞争和高效的市场一体化规制模式。如规制政策、规制机制、规制工具、规制中介和最终目标。

世界各国正在经历面向可持续发展的能源转型变革。在分析各国能源转型规律和机制的基础上，本书对我国能源转型的现实挑战和驱动机制进行了深入探究，分析了"碳中和"目标引导下的能源转型新趋势，剖析了转型所面临的体制机制障碍和外部性定价障碍，并从市场驱动、政策驱动、创新驱动、行为驱动等多个维度提出了我国持续推动能源转型的着力点和突破点，促进形成能源转型的中国路径。

第一章
区域经济一体化的基础理论

国内外有大量关于区域经济一体化的理论与实证研究，但可能受微观数据限制，在实证研究中并没有明确指出区域经济一体化程度的测度指标，更鲜有关于中国区域经济一体化程度的研究。而且，早期由于时间序列样本容量较小，检验结果往往会倾向于接受时间序列具有单位根的假设，较长的时间序列可能会存在结构变化问题。目前的计量分析中，建议采用面板数据单位根检验法。

第一节　理论分析

区域经济一体化，是指在一个主权国家范围内，地域上较接近或地理特征相似的省份之间、省内各地区之间、城市之间，为谋求发展而在社会再生产的某些领域，实行不同程度的经济联合与共同经济调节，形成一个不受区域限制的产品、要素、劳动力及资本自由流动的统一区域的动态过程，它的目的是优化资源配置、实行区域内各地区合理分工、提高资源使用效率、促进联合体共同发展。本节主要讲述区域经济一体化理论和区域价格水平收敛理论。

一 购买力平价理论

购买力平价理论（purchasing power parity）根据一价定律得出。一价定律由弗里德曼在 1953 年提出，其理论表述为，如果市场完全有效，一种商品和服务在世界范围内都应该以同一货币衡量的价格销售，否则就可以获取差额利润，即套利的机会。如差额利润持续存在，那套利就将持续进行，最终在供需关系的作用下使这一商品和服务的价格在两个不同国家的市场上完全相同。购买力平价理论是较为基础并且具有实用价值的汇率决定理论，有绝对购买力和相对购买力两种表述形式。绝对购买力平价的基本观点是，一个国家的货币与另一个国家的货币的比价是由两种货币在各自国内的购买力之比来决定的；相对购买力平价反映的是汇率变动与价格水平变动之间的关系。对一价定律较为直观的解释是，单一价格法则能否成立主要取决于这种商品和服务是否满足标准化要件以及是否能够在国际市场上被交易。李志宏（2007）认为，在宏观经济学中，商品和服务一般分为可贸易和不可贸易两类，传统意义上的可贸易商品包括原材料和农产品，而相对于实体市场而言，资本市场上的交易费用显然更低，因此，单一价格法则对于金融资产来说或许更为有效。而关于不可交易商品如不动产（房屋等）和大多数服务（汽车修理等），其特点是很高的跨国交易费用（如运输费用、保险费用、贸易或文化壁垒等）限制了套利的机会。所以对于不可贸易商品来说，一价定律很难适用。

购买力平价理论在一价定律衡量单一商品相对价格的基础上，考察一揽子商品和服务的价格比较。在实际经济研究中，一国一揽子商品和服务价格通常用居民消费价格指数（CPI）进行衡量。购买力平价理论的意义决定了对其进行的估值在经济研究过程中存在两类重要用途：一是作为一种转换因子，将以不同货币表示的各国总产值

（GDP、GNP 和 GNI）及其组成换算成同一货币的形式，以便进行两国或多国间的经济实力和生活水准比较；二是作为一种均衡汇率，为两国之间汇率是否失衡以及汇率政策调整提供参考依据。

二 最优货币区理论

1961 年，蒙代尔第一次提出了"最优货币区"的概念和组成货币区的一个经济标准，即要素的充分流动性标准。他认为，当要素在某几个地区内能够自由流动，而在其他地区之间不能流动时，具有要素流动性的几个地区就可以构成一个"最佳货币区"。其后该理论得到了进一步发展。例如，Mckinnon（1963）认为应以经济开放度作为最优货币区的标准；Kenen（1969）认为应以生产的多样化程度为标准；Ingram（1969）提出以国际金融高度一体化作为最适度货币区的标准；而 Tower 和 Willett（1976）和 Flemming（1971）则把注意力从微观的供求变动转移到宏观经济现象上，提出通货膨胀和政策一体化的标准。因为前人的努力多集中在最优货币区的形成条件上，最大的问题就在于突出该理论的正面效用的同时忽略了成本的产生。该理论在 20 世纪 70 年代进一步发展，开始转向对货币联盟的成本－收益分析。加入货币区的好处有：（1）降低交易成本；（2）不变的固定汇率减少了不确定性，并能排除伙伴国之间投机性的资本流动；（3）节省成员的外汇储备，降低储备成本；（4）货币一体化能促进经济政策的一体化。而加入货币区的成本则包括：（1）单个国家失去了货币和汇率政策的自主权；（2）国家财政政策的决策权受共同货币政策的影响和限制；（3）有可能加剧失业；（4）有可能恶化本已存在的地区失衡。进入 80 年代，经济学家通过大量历史经济数据对最优货币区的相关问题进行了翔实的实证分析，得出了许多有意义的结论。其中最值得一提的是对联盟内政策的协调以及其有效性的分析：在理性预期及政府政策随意性存在的前提下，一国货币政策的有效性可以借助同另一个货币政策声誉比本国更好的国家结成货币联盟部分或全部实现。这一分析既为近年来拉美趋势加强的美元化提供了有力的理论支持，也为东亚国家危机后重建其汇率机制提供了一种参考依据。对该理论的批判很多，其中不能顺应时代发展和理论发展变化是一个主要的批判点，而另一个批判点则集中于建立最优货币区的标准。最优货币区理论的贡献在于运用最优货币区标准检验若干个国家或地区是否适合组成货币联盟，从而在一定范围内实行单一货币政策研究。

根据最优货币区理论，一个国家或地区应具备以下特质和条件才适宜组成或加入最优货币区。（1）生产要素流动性标准。认为如果区域内生产要素具有较高的流动性，包括地区间和产业间劳动力的流动，则因为需求转移而导致的供给和需求失衡可以通过劳动力在不同国家或地区间的转移来解决，以汇率调整实现经济均衡的必要性将大大降低。（2）经济开放度标准。所谓经济开放度，是指在一国经济结构中可贸易商品的生产占该国总产出的比例。假定一国经济完全开放，汇率波动就会引起国内成本或物价的同比例变动。汇率工具的调节功能就会完全失效，因此在外部价格同样稳定的前提下，那些贸易关系密切的经济开放区更适合组成最优货币区。（3）产品多样化标准。提出以程度高的产品多样化作为确定最优货币区的标准。一个国家生产和消费的多样化将带来进口和出口产品的多样化。如果冲击在不同产业间，不完全相关多样化的贸易结构就会使对每一个部门的需求或供给冲击的作用相互抵消，从而减少了通过汇率调整来抵消冲击的必要性。（4）金融市场一体化与资本流动性标准。注意到金融市场的高度融合减少了地区间收支失衡所需调整的时间及成本。假如国际金融市场是高度一体化的，只要国际收支失衡导致利率发生小幅变动就会引起均衡性短期资本的大规模流动。

三 区域经济一体化理论

区域经济一体化的早期理论基于关税同盟理论，是经济一体化的核心。Viner（1950）是关税同盟理论的提出者，关税同盟的效应就是由贸易创造的收益减去贸易转移造成的损失所取得的实际利益。随后 Cooper 和 Massell（1965a）和 Balassa（1967）等考察了关税同盟的动态效果，诸如经济规模、生产经营效率的提高以及闲置资源的利用等。国际区域经济一体化受国际关系、社会制度、经济体制等影响较大，关税同盟、自由贸易区、共同市场等国际区域经济一体化的重要理论，对国内的区域经济一体化实践有着理论基础作用但并不完全适用。

总结上述购买力平价、最优货币区等理论研究，可以看出资源、投资、市场、制度几个方面因素对区域经济一体化发展的决定性作用，区域特性与区域异质性也对其具有重要影响。然而，所有这些理论研究都是基于发达国家的实践经验、站在发达国家的立场进行的刻画，是对发达国家经济一体化的总结。这些理论结论是否也适用于发展中国家区域经济发展，能否作为指导发展中国家区域经济一体化发展的理论依据，中国区域经济一体化发展是否与发达国家的一体化情况有所不同、有没有独特的中国特色，这都是需要进一步研究的问题。

第二节 实证检验

一 基于购买力平价理论的实证研究

20 世纪 70 年代以来，国外针对购买力平价理论的实证分析大量涌现，研究方法大致可分为：（1）按研究对象的时间跨度可分为短期购买力平价研究和长期购买力平价研究；（2）按研究方法的大类可分为线性实际汇率时间序列研究和非线性实际汇率时间序列研究。

在时间跨度层面，国外研究通过对不同样本数据和研究课题的相关实证结果表明：从整体而言，PPP在普遍意义上是否成立尚无明确定论。另外，从短期来看，购买力平价理论并不可靠。可能的解释主要来自对购买力平价理论所暗含的市场完全有效的假定，包括价格在短期内的刚性、短期内的名义冲击、运输成本、关税与非关税壁垒、贸易商的定价政策等。而从长期来看，购买力平价理论只能说在一定程度上是可靠的。可能的正面意义上的解释包括价格刚性效应与名义冲击效应随时间推移的逐渐减弱、稳定与成熟的跨国自由贸易等。可能的负面意义上的解释包括非贸易商品的存在、消费偏好的跨国差异、运输成本、关税与非关税壁垒、相对富裕国家在可贸易商品方面相对较高的生产率、相对富裕国家较高的人均资本、跨国贸易经常项目收支的变化、各国政府的支出状况等。

在方法层面，早期大多采用线性研究的方法对购买力平价的自回归效应和平稳性进行分析，自回归模型、单位根、协整理论及PP、ADF等检验方法被大量采用。Taylor（2006）认为，尽管同样商品的价格由同一货币在不同国家之间进行衡量可能存在不一致，但只有当预期的收益大于进行商品贸易的两国之间的运输成本时，套利和由之产生的价格修正才会出现，由此可发现，基于实际汇率的线性假设存在一定程度的偏差，而基于针对实际汇率的线性研究方法由于并不可靠的假设，将可能得出缺乏稳健性结论。此后，随着计量方法的发展，非线性的相关方法如马尔科夫区制转换模型、门限回归模型和平滑转换自回归模型等被大量采用，采用此类方法研究的有Taylor等（2001）、Narayan和Narayan（2007）等，实际汇率时间序列的非线性特征被大量发现，由此进一步佐证了前期研究在线性假设上的遗误。在非线性方法的研究中，Caner 和 Hansen（2001）通过门限自回归模型做出的研究结果，将非线性问题和平稳性问题分开检验，排除了采用线性模型中常用的传统检验方法所带来的检验有效性问题，在检验结果的稳健性和可靠性上或能带来较好的效果。

从国内购买力平价实证研究成果来看，人民币兑换不同货币的实际汇率是否满足购买力平价理论有着大量的实证研究，但结论不一样。张晓朴（2000）和胡援成（2003）分别基于 1978～1999 年和 1981～2000 年的真实数据检验人民币兑美元汇率和中国与美国的消费者价格指数、零售价格指数之间是否存在一定程度的协整关系，其线性研究结果表明人民币兑美元的汇率并不符合购买力平价理论的相关要求。然而，王志强等（2004）采用界限检验（Bounds Test）方法得出了不同的结论，他们通过检验人民币汇率与购买力平价在长期是否存在一定的相关性，发现自 1994 年汇改以来，人民币兑美元以及人民币兑港币的汇率满足购买力平价理论。而张志超（2003）的检验则发现了另外的实证，人民币汇率制度在 1983～1984 年发生了结构性改变，考虑了这一制度变迁后，人民币汇率更接近满足以商品相对价格进行衡量的购买力平价关系。此外，邱冬阳（2006）以 1997～2005 年的中美生产价格指数为样本列出协整方程，通过对该方程的计量分析发现汇率向购买力平价的均值回归存在，但考虑到拟合度仅有 30%，故其认为批发物价指数对人民币汇率的解释能力不足。检验方法方面，应用非线性的检验手段来对购买力平价进行检验的研究也大量出现，如徐剑刚和唐国兴（2001）采用群体单位根检验法、靳玉英和李翔（2003）采用基于神经网络的 PPP 等。

综上所述，通过国内外相关研究得出两点经验性的启示。一方面，从购买力平价理论是否成立的实证研究结论来看，购买力平价在不同的考察客体中是否存在尚无定论，一个经验事实是，长期来看，或许购买力平价随着市场长期调整而排除短期存在的刚性因素，长期购买力平价或有一定的存在依据。而研究成果多样化也决定了未来针对中国的购买力平价理论成立与否的相关研究仍将在学界持续进行，对此问题的相关研究成果也将继续为汇率政策的制定和各国之间相对收入水平的比较等方面的相关研究和实践奠定理论基础。另一方面，从购买力平价的研究方法来看，更多的是采用非线性的方法进行研究，以排除线性假设和其相应的回归和检验方法。

二 基于最优货币区理论的实证研究

具体到专门针对最优货币区理论的实证分析，目前系统性的研究较少。实证分析集中于价格灵活变动、劳动市场一体化研究、资本市场一体化和外商直接投资研究、金融市场一体化研究、经济开放度研究以及通胀相似性、财政政策一体化研究和其他因素分析。Bayoumi和 MacDonald（1999）通过研究美国和加拿大 30 年的数据发现，并没有证据表明两国的相对价格有所变化。Alberola 和 Tyravainen（1998）基于对欧洲各国生产力和工资的历史发展趋势研究发现，当持续通胀差异达到 2%，一国就不适合加入欧元区。对中国的研究主要基于东亚货币一体化的可行性分析。Bayoumi 和 Eichengreen（1997）通过设立最优货币联盟指数评估一组国家是否属于最优货币联盟。以欧盟、美、加、日、澳、新西兰等 21 个工业国家或地区的双边汇率数据为基础，主要关注双边贸易与 GDP 比例、交易货币的作用及非对称冲击对产出的影响等因素。最优货币区指数实际上是用相互经济依赖度和冲击同质性的若干指标来解释汇率的波动率，最优货币区指数越高，建立最优货币区的成本越大、收益越小。戴金平（2004）采用类似的方法研究了以中国或日本为中心的亚洲国家或地区的最优货币区指数（见表 1 - 1），使用 1997 ~ 2000 年的数据对这些国家或地区最优货币区指数进行回归分析。

表 1–1　以中国或日本为中心国的亚洲国家
或地区的最优货币区指数

国家或地区	以中国为中心	以日本为中心
日　本	0.1515	0.1515
韩　国	0.2534	0.2601
中国香港	0.0086	0.2377
印度尼西亚	0.2868	0.2585
马来西亚	0.2664	0.2510
泰　国	0.2621	0.2420
新加坡	0.2160	0.2400
菲律宾	0.2086	0.2002
缅　甸	0.2307	0.2494

资料来源：戴金平（2004）。

　　将这些亚洲国家或地区的最优货币区指数与以德国为中心国的欧洲国家的最优货币区指数（见表 1–2）相比较，可以看到亚洲国家或地区的最优货币区指数都远远大于欧洲国家，这说明目前以中国或日本为中心国的亚洲国家或地区还不具备建立最优货币区的条件。

　　在这个阶段，计量经济学的突破使最优货币区理论最终迎来了实证分析的阶段，经济学家们通过构架不同的模型对欧洲国家实际数据进行计量分析，为最优货币区理论提供了实证检验。对最优货币区判断标准的分析，开始深入各个国家或经济体的具体经济特征以及经济行为人的偏好和行为。最优货币区判断标准最终得到量化，可以更加准确地判断一组国家是否可以达到最优货币区的要求，或者在怎样一个程度上能达到这些要求，这就使最优货币区理论演化脉络研究更加具有实践意义，而不仅仅是理论意义。然而，不可否认计量经济分析通常需要一组相对来说比较长的时期数据，因此对最优货币区理论的分析不可避免地有一定的滞后性。另外的问题在于，研究本身并不能反映政策偏好的变化以及政权更替等变量，因此理论所得出的结论可能本身在解释力上存在问题。

表1-2　以德国为中心国的欧洲国家的最优货币区指数

国家	1987 年	1991 年	1995 年
法　国	0.068	0.067	0.074
意大利	0.070	0.065	0.059
英　国	0.099	0.094	0.089
奥地利	0.008	- 0.004	0.008
比利时	0.003	- 0.008	0.013
丹　麦	0.063	0.060	0.074
芬　兰	0.098	0.095	0.087
希　腊	0.053	0.054	0.054
爱尔兰	0.043	0.036	0.021
卢森堡	0.003	- 0.008	0.007
挪　威	0.078	0.078	0.077
葡萄牙	0.068	0.066	0.062
西班牙	0.088	0.082	0.073
瑞　典	0.068	0.063	0.056
瑞　士	0.038	0.030	0.023

资料来源：Bayoumi 和 Eichengreen（1997）。

作为理论进程分析的最后一个阶段，实践是对上述三个阶段的突破。在实证分析中，经济学家们研究的所有变量都是最优货币区理论早期和发展时期提出的判断标准，并且这些分析标准选择性地进入了模型分析的框架，为一国最终决定是否加入货币区提供证据。同时，关于一些经济问题的重新研究也逐步得到了欧洲实证分析的证实。总的来说，此阶段的最重要突破，就是把发展至今的最优货币区理论推向实证层面，以理论为指导，并且反过来又证实了理论存在的合理性。

第三节　区域经济一体化理论的新发展

20 世纪 80 年代以来，区域经济一体化向着更高层次和更广范围发展，在出现新的问题的同时传统理论分析框架得到了进一步的发展。

一　新经济地理学理论

Krugman（1992）在其著作 *Geography and Trade* 中提出了"新经济地理学"的概念，以规模经济、不完全竞争和报酬递增为假设条件，将比较优势和外部性等内生化，比新古典经济学更接近现实。但是制度、文化等因素在区域间的差异以及区域间产业结构的差异在其理论中没有给予过多的重视。

二　新区域主义理论

20 世纪 90 年代以后，区域经济一体化理论随着经济全球化进程的深化出现了跨学科综合发展的趋势。涉及的学科理论也多种多样，如经济学理论、新贸易政策理论、产业组织理论、开放宏观经济理论、地理学理论、博弈论、新经济增长理论、新制度经济学理论等。

三　发展中国家区域经济一体化理论

发达国家在推进区域经济一体化的实践中取得了显著的经济效益，促使发展中国家加快了一体化进程，更好地参与全球价值链。Cooper 和 Massell（1965b）构建了发展中国家的关税同盟理论，但局限于定性分析。鲍里斯·塞泽尔基（Bosri Sezeerji，1987）提出"综合发展战略理论"，认为发展中国家的区域经济一体化应视为发展战略，不仅要强调市场的一体化，更应该考虑制度、机构等方面的因素，同时强调政府对区域经济一体化发展的干预。

四 我国内部区域经济一体化研究

我国关于区域经济一体化的研究开始较晚，但随着我国长三角和珠三角等区域的发展和经济体制改革的推进，该理论不断完善。改革开放以来，我国经济发展总量快速增长，但地方市场分割问题始终阻碍着我国经济高质量发展。长期以来，学者们都致力于探讨适合我国国情、具有中国特色的区域经济一体化发展、统一市场建设的举措，基本集中在以下几个方面。

（一）地方市场分割的原因

沈立人和戴园晨（1990）认为行政职能和经济职能的双重身份是导致"诸侯经济"的根本原因。银温泉和才婉茹（2001）强调行政性分权导致市场分割。国外学者更多地强调财政包干导致市场分割（Oi，1992；Jin等，2005）。国内学者对此问题的研究基本集中在2000年之后，如林毅夫和刘培林（2004）。皮建才（2008）分析了财政激励与地方官员考核机制对地方市场分割的影响。周黎安（2004）认为地方官员的政治晋升导致地方之间合作的空间很小。封闭落后的发展带来的自我保护措施、中央的财政分权体制等因素造成市场分割。

（二）区域经济一体化水平的测度

区域经济一体化水平的测度有四种方法，即生产法、贸易流量法、价格法和问卷调查法。骆玉鼎（1998）、柯冬梅（2001）、贾卓鹏和贺向明（2004）、马根发（2005）等使用最优货币区理论的判定标准，认为我国还不是一个最优货币区。Young（2000）和Poncet（2003）测度发现，中国区域经济分割有愈演愈烈之势。桂琦寒等（2006）认为中国国内相对价格的收敛经历了先放大后收窄的过程，商品市场日趋整合。这些结论主要缘于地方市场贸易壁垒难以度量、地区间准确的贸易流量数据难以获得，基本上集中测度京津冀、长三角、珠三角、环渤海等区域的一体化进程，认为研究期内各区域的市场一体化程度在逐渐提高。对国内代表性区域的研究比较多，针对资源型区域、内陆欠发达地区的一体化、经济协同发展的研究较少。

（三）市场分割对经济的影响

有关市场分割对经济发展的影响大多针对产出、阻碍发展：陆铭和陈钊（2009）认为市场分割对经济增长具有倒 U 型的影响；龙志和等（2012）发现市场一体化对经济增长的影响具有时滞性和不对称性。

（四）区域经济一体化发展的障碍表现

地方保护主义是区域经济一体化发展的障碍，使市场形成显性分割和隐性分割，对经济政策"消极执行"使我国地区间的贸易壁垒趋于隐蔽化。

从上述文献可以看出，区域经济一体化的研究有着巨大空间。一是区域经济一体化研究非常多，但对区域经济本身影响的研究非常欠缺。二是目前尚没有区域经济一体化发展对中国地区发展的影响的研究，这对客观评估我国地区和谐发展政策极为不利。三是现有区域发展理论、实证分析都建立在西方发达国家经验的基础上，对发展中国家包括中国并不一定适用，探讨中国与西方发达国家这一研究方向的差别具有重要意义。本书基于翔实的地区市场微观数据，加强了对中国区域经济一体化的研究，与大多数国内研究不同，本书尤其注重利用微观数据与计量经济学工具，研究资源型地区的市场要素指标在区域经济发展过程中的影响，以及中国区域经济一体化发展是否与其他国家存在显著差异，并试图填补上述学术空白。

第二章
区域经济一体化的特征

第一节　商品市场一体化

在现代市场经济条件下，商品市场一体化对社会经济资源的优化配置发挥着重要的基础性作用，是建设合理布局、竞争有序、统一开放的全国统一市场的重要内容，也是促进市场在资源配置上发挥决定性作用、更好地服务于国家供给侧改革、推动中国经济转型的重要举措。市场一体化发展初期，在市场机制作用下，商品通过供求关系在地区间流通，形成初级的统一市场，随着地区间商品的流通，地区间的联系不断增多，政府、企业间的合作也变得频繁，市场一体化水平也不断提高。同时，各地依据当地资源禀赋、相对优势，形成合理的产业分工，专业化程度、市场竞争力都不断提高。商品一体化应是一个产品从生产、销售、物流到服务的各个环节的一体化。

实现区域经济一体化，最关键的就是要实现商品市场一体化。对于那些地理位置相邻、要素资源禀赋能够互补、商品可以实现自由流动的区域，商品市场一体化在促进区域经济共同发展和未来可持续增长方面都能够发挥很大作用。

一 商品市场一体化的内涵

商品市场一体化既是一种状态，也是一个过程。"一种状态"是指，如果一个地区内部处于社会分工和商品经济都高度发达的基础上，市场就会融合为一个相互依存的统一体，此时在这个区域的内部就会只受一个供求关系的影响，区域内部不同地区之间不会受个别因素的影响，最终形成一种不同地区的商品市场间完全联合、完全无摩擦的"完美状态"。"一个过程"是指，商品市场一体化的进程实质上就是市场在促进一体化的动力机制的推动作用下逐渐克服现实经济中的各种阻碍、摩擦的过程。处于同一个区域内的不同地区的市场主体，它们的行为由于受到统一的供求关系的影响和调节，就会使整个区域内部不同地区之间的"经济边界"逐步消失。

总体来说，商品市场一体化指的是在经济社会发展的过程中，通过消除不同因素的阻碍来减少各类商品在不同地区之间流通的障碍，促进不同地区之间商品市场的融合，最终形成一个统一的大市场。

二 阻碍商品市场一体化进程的因素

不同于国与国之间基于国家主权的边界而形成的经济边界，在一个国家或者国内某地区的区域之间，形成区域间经济边界的原因可能是地理因素不同、信息的不完全、地区经济发展水平的差异以及不合理的地方保护措施等。各地的要素资源禀赋、商品市场的信息不完全都可能会阻碍商品在不同区域间的自由流动，进而造成商品不合理的空间布局。阻碍商品市场一体化进程的更大的因素主要集中在地区经济发展水平的差异以及不合理的地方保护措施方面。各地政府都会将保障本地税收、保护本地就业作为其最首要的职能。政治集权、经济分权的制度和不完善的财税制度共同导致了政府对地方企业的保护行为。政治集权、经济分权的制度安排决定了地方政府发展经济和获取财政收入的目的，"分税制"也使地方政府的财政压力增加，导致了其对财政监管的放松，并进一步使地方政府对市场竞争中处于劣势地位的企业实施一定的保护措施。无论是在经济较发达的地区还是在欠发达的地区，当地政府在提高商品市场一体化水平和保护本地利益之间都会选择后者，它们采取的保护措施可能是全面或部分地禁止商品流入，或者是鼓励购买本地企业的产品，尽管使用的方法不相同，但是这种地方保护行为都会人为地形成经济边界，加剧市场分割。

进一步地，我们可以将阻碍商品市场一体化进程的因素归为以下三点。一是自然因素。自然因素是阻碍一体化实现的根本原因之一。两地之间的距离会通过影响商品的运输成本来间接地影响商品的销售价格，如果两地间的距离较远，交通不发达，商品跨区域间的流动性就会削弱，商品在进出市场时就会受到约束，商品的跨区域经营缺乏必要的竞争力，就很难实现各个市场间的有效融合。二是技术因素。不同地区之间的技术差距也是阻碍市场一体化实现的根本原因之一。当两个地区之间在技术水平和劳动力的素质等方面存在差异时，就会进一步造成两地经济水平的悬殊，不同的市场将被无形地隔离开来。经济较发达地区的市场容量较大，在经济的发展过程中引致的市场准入门槛相对较高，不利于其他地区企业的进入；经济相对落后地区因技术水平较低，准入门槛也较低，但市场容量相对较小，也不利于市场的融合。三是制度因素。正式制度因素包括国家的法律、政府制定的政策等，非正式制度因素包括宗教文化、方言等。文化差异使消费需求的偏好存在差异，商品或服务在进出市场时受到约束，不利于市场的跨区域融合。比如方言的差异使商品在销售时沟通不够顺畅，同样不利于市场之间的有效融合。

第二节　生产市场一体化

一　相关理论

区域产业协同发展的过程是一个不同地区间企业在分工中集聚、转移、合作的过程。协同论强调系统中子系统的相互合作，子系统相互协作才能推进系统的演化，才有可能产生"1+1>2"的效果。本节从区域产业协同发展的过程出发对产业集聚理论、投入产出理论及产业关联理论进行介绍。

（一）产业集聚理论

产业集聚理论是产业布局理论发展下逐步分离出的一种理论，最早可追溯至19世纪末期。产业集聚理论的发展可以分为三个大的阶段。

第一阶段是古典区位理论。这一时期产业集聚理论的发展主要建立在马歇尔提出的"内部经济"与"外部经济"基础上。马歇尔从区位优势的角度揭示了企业集聚的原因，包括三方面：第一，区位集聚有利于生产要素的共享与流动，保障了企业对劳动力的需求；第二，区位集聚加强了技术和知识溢出速度，优化了企业生产函数；第三，技术和知识的溢出又促进了专业化，提高了生产效率。在马歇尔之后，韦伯以德国鲁尔区为例，运用抽象与演绎的方法研究影响生产区位的因素，在最小费用区位原则的基础上，阐述了运费指向论、劳动费指向论和集聚指向论。

第二阶段是近代区位理论。这一阶段的典型代表是克里斯塔勒的中心地理论和廖什的市场区位理论。中心地理论认为交通便利的地区比人口多的地区更适合成为中心地。廖什的市场区位理论认为企业寻找区位的出发点是获取最大利润。他认为西欧的工业区位取决于产品需求量的大小，消费者集聚的位置在一定程度上决定了工业企业集聚的位置。该理论认为城市的基本功能是为腹地提供商品和服务，不同的商品和服务将城市划分为不同等级并形成集聚，城市和市场会形成有层次的空间分布，这一经济景观也称为"廖什景观"。

第三阶段是现代区位理论。第三次产业革命后，主要发达国家工业化和城市化进程加快，并随之出现一系列社会、环境问题，这一阶段的研究对象不再局限于以企业为代表的微观主体，转向更为宏观的空间布局和部门结构。随着多学科的融入，现代区位理论与古典区位理论、近代区位理论相比有着更丰富的发展态势。产业集聚理论从区位、竞争优势、空间经济联系等多个角度分析了集群产生的原因、进程以及影响，对区域产业协同发展过程中主导产业选择、产业布局、区域竞争力提升等具有重要的理论指导意义。

（二）投入产出理论及产业关联理论

生产过程中的中间产品成为连接不同产业的纽带，在投入产出关联中推动产业间合作，在产业之间建立了产品联系、劳动要素联系、就业联系、价格联系等。投入产出模型建立在瓦尔拉斯一般均衡数学模型的基础上，借鉴苏联平衡表的编制模式，引入直接消耗系数和完全消耗系数建立技术构架，对经济系统进行分析。随着投入产出技术的成熟，投入产出模型逐渐向地区间模型、部门模型扩展，同时研究领域也不断丰富，形成环境保护模型、金融模型等。

投入产出模型以价值平衡表的形式反映了生产过程中各产业的投入产出情况，成为测度产业间联系最常使用的方法。产业关联的主要测度方法是投入产出模型中的中间需求率和中间投入率。中间需求率反映了生产过程中中间产品占总产品的比重，一个部门的该指标越高说明这个部门更偏向于基础性部门，主要为其他部门的生产提供产品。中间投入率是中间投入与总投入的比例，反映了一个产业在生产过程中对其他行业产品的需求程度。通过中间需求率和中间投入率的分析可以明晰产业在国民经济中扮演的角色，确定产业之间相互依存程度，为产业关联的研究奠定基础。

二 理论发展

经过多年的发展，国内外关于生产一体化的研究愈加丰富，理论愈加成熟，主要集中在关于区域产业协同发展的研究、关于区域产业协同发展主要推动力量的研究、关于产业集聚的研究、关于产业转移的研究和关于京津冀协调发展的研究五方面内容。

关于区域产业协同发展的研究如下。在以往学者的研究中，产业协同概念既用于同一行政区内部不同产业的合作发展，又用于不同行政区不同产业间的合作发展。石娟等（2018）在研究京津冀产业协同发展时指出，产业协同是区域内各行政区在同一产业发展过程中形成的关联系统。叶堂林和毛若冲（2019）运用联系度模型、均衡度模型和融合度模型对京津冀协同水平进行测度和分析。

关于区域产业协同发展主要推动力量的研究如下。Henderson（1997）指出，专业化具有行业内外部性，多样化具有行业间外部性，多样化发展有助于提高生产力。Combes（2000）以法国为主体进行研究，发现专业化和多样化对服务业和工业的影响并不相同，在大多数情况下，多样化有利于服务业部门发展，不利于工业部门发展，专业化则可能产生适应性问题。白孝忠和孟子贻（2018）研究中三角城市群产业协同发展发现，中三角区域产业同构问题突出，依据功能定位进行分工有助于实现区域产业协调发展。陈晓峰和成长春（2019）指出产业同构是长江经济带高新技术产业协同发展面临的重要问题。张琳等（2018）指出京津冀生物医药产业细分行业发展存在一定问题，需要通过有序分工推动生物医药产业协同发展。Bungsche（2018）对欧盟和东盟汽车产业一体化研究发现，区域经济一体化进程及模式的不同会对分工产生不同的影响。事实上，分工和区域产业协同发展之间可以形成良性的循环关系，关键是在区域发展过程中如何通过增长极地区的辐射效应带动边缘地区经济增长，弱化极化效应对区域非均衡性的影响，在差异化发展过程中形成优势互补、特色鲜明的发展模式，实现区域产业协同发展。

关于产业集聚的研究如下。Amiti（1998）对欧洲一体化的研究发现，一体化进程推进专业化进程并提高部分制造业集中率。Brülhart（2001）发现欧洲一体化过程中专业化不断发展，但综合所有市场考虑，可以发现单一市场使工业集中度增长速度放慢。Obermauer（1998）对太平洋沿岸地区进行研究发现，发达地区交通基础设施推动产业集聚，欠发达地区运输体系不发达是其产业集聚发展缓慢的原因之一。陆丽娜等（2019）对江苏战略性新兴产业集群进行研究发现，差异化发展有助于实现协同发展。刘洁灵（2019）以西南地区为研究对象，对流通业与旅游业协同发展水平进行研究，指出这两个产业集聚性的协调是其实现协同发展的关键。

关于产业转移的研究如下。成艾华和喻婉（2018）对长江经济带一体化发展进行研究，发现带有产品内分工性质的产业转移有利于区域价值链的整合。除了以分工为基础的产业转移对区域均衡发展、协同发展有重要影响，基于一体化政策的产业转移也是推动区域协同发展的重要力量。胡黎明和赵瑞霞（2017）利用合作博弈理论研究了产业集群式转移如何影响区域产业链，提出通过契约约束消除"搭便车"行为，从而实现企业个体最优和区域帕累托最优。

第三节　金融市场一体化

一　区域金融一体化概念的界定

随着经济一体化内涵的丰富和完善以及国际金融和统一市场的不

断发展，作为经济一体化机制演进高级形式的金融一体化，其自身内涵也呈现多样性。首先需要界定的概念是一体化，它是基于社会分工理论的发展，在统一市场背景下，各地区之间的各种要素能够自由、无障碍地流动的环境和状态。对于经济一体化，目前被广泛接受认可的是由美国经济学家贝拉－巴拉萨提出的：经济一体化既是一个过程，旨在消除各经济单元之间的种种差别，也是一种状态，即表现为各国经济单元间种种不平等待遇的消除。国内外学者、机构、研究团队不同角度的研究使金融一体化的内涵不断丰富（见表2－1）。

表2－1 金融一体化定义演进

作者	发表年份	定义
Balassa	1977	金融一体化既是一种资本管制和制度性壁垒消除的过程，又是一种没有任何阻碍的极端状态
易纲	2001	从国际金融市场角度来看,金融一体化就是金融资产套利机会几乎不存在;从数学定义来看就是套利机会无限接近零
元惠萍和陈浪南	2002	从开放的角度来定义金融一体化:一是金融服务业的普惠性、金融产品的跨区域的可得性;二是资本市场完全开放、金融资源自由往来
IMF	2003	金融一体化是国家或地区之间的金融行为彼此关联、彼此制约从而逐步形成的一个统一的协作态势。它可以分为两个层次:一是流动性,经济单元内外金融要素自由交易,不受限制,可得性较高;二是替代性,经济单元内外的金融要素可彼此自由替代
欧盟	2003	欧洲央行认为金融一体化是自由经济市场条件下不同国家或地区彼此合作与交流,从而逐步变为完整金融市场的一个过程。这个过程主要包括金融产品及服务定价水平一致、未来预期收益率以及实际效益基本一致
SEE Shinjin 和 Kenichi	2004	从三个层次定义金融一体化:一是在金融一体化背景下的不同区域子市场间,同种类别和风险的金融工具在回报水平上应该是相同的,套利空间是不存在的;二是不同市场间金融一体化程度与资本和金融服务贸易流动的规模呈正相关关系;三是一定意义上货币一体化可以等同于金融一体化

续表

作者	发表年份	定义
张凤超	2005	融合金融、区域地理、合作理念,金融一体化是指金融产业在区域金融系统内成长的一般规律。即发挥金融增长极的辐射极化效应,营造区域内金融产业发展的良好环境,从而带动整个区域金融系统的金融产业水平的提高,进而实现区域金融资源配置效率最优化
中国人民大学金融与证券研究所课题组	2008	金融一体化是指由于国际金融交流与竞争,不同国家或地区形成紧密的经济金融联系,金融要素得到充分利用,金融效率明显提高,促使各经济体之间金融关联度得到提升,从而形成统一的经济区域
魏清	2009	金融一体化的结果是区域内资金价格逐渐趋同,其趋同程度即为金融一体化的程度
张稳芳	2015	金融一体化主要是指经济单元之间的金融行为彼此关联、彼此制约从而逐步形成的一个统一的协作趋势,逐步变成融合互补、整体推进、目标一致的有机统一体

综上所述,一个国家内部地区之间的金融一体化是以区域金融合作为本义,以促进区域经济金融的协调发展为目的,其内涵和进程与经济一体化相辅相成,从要素市场角度看,其等同于区域金融市场一体化。

结合国内外关于区域金融一体化概念的理解,本书认为区域金融一体化是指区域内各地区间的金融活动通过相互渗透、相互影响而逐步形成的一个行业整体的发展轨迹。它表现为区域金融资源差异性流动和金融资源利用效率的提升,实现了帕累托改进的金融资源优化配置,体现了金融资源与相关产业经济在时间和空间上的融合发展联系,这是一个动态发展过程,与区域金融竞争力水平密切相关。

二　区域金融一体化的意义

区域金融一体化是各地区或各国之间通过相互影响与渗透形成

一个整体的联动发展态势，是现代社会任何一个国家或地区要取得现行经济发展所不能回避的重要议题，随着现代社会经济的快速发展，产业结构与历史长期形成的经济架构相比已经发生了翻天覆地的变化，各个产业的生产总值占比在整体上已经发生了质的飞跃，尤其是第三产业的地位与贡献的大幅提升，金融行业在整体经济增长中的地位已经举足轻重，因此，资源的有效整合、密切联系对推动各区域金融发展与经济增长意义重大，虽然各个地区之间的金融基础与金融政策还有差异，但是区域金融一体化已经成为一个时代发展的必然趋势。

（一）优化资源配置提高金融效率

区域经济资源能够自由流通是区域金融一体化发展的一个基本特点。区域金融资源能够自由流动为资金的合理科学分配提供保障，从而有效地提高了区域金融资源的配置效率。除此之外，区域金融一体化还能很好地降低金融交易活动的各项成本，从而促进金融信息的传播、共享，降低信息流动的成本，从而提高金融效率。

（二）优化产业结构促进经济增长

区域金融一体化能很好地提高区域金融效率，进一步提高金融行业的质量。除此之外，区域金融一体化能够很好地利用社会闲散资金，进一步扩大社会资本的积累规模，从而促进区域金融总量的提升。金融是第三产业中的重点行业，区域金融质量和体量的提高，在一定程度上会影响第三产业质量和体量的提升，也在一定程度上促进了区域内的产业结构完善。另外，区域金融的一体化能够很好地促进区域金融体系的完善，建立多角度、多元化的区域金融体系。

（三）促进区域经济一体化

区域金融一体化是区域经济一体化发展到一定程度的必然产物，区域金融一体化为经济一体化提供了强有力的支撑。区域金融一体化进一步促进了区域生产的市场一体化，服务于区域经济发展，也就促进了整体区域经济一体化的发展，并会提高发展水平。区域金融和区域经济发展相互作用、相互影响，促进区域经济一体化的发展进程。

三　区域金融一体化机制分析

（一）基础因子——区域金融资源禀赋

区域金融具有一体化的趋势，其基础因子被称为"区域金融资源禀赋"。正是在区域金融资源禀赋差异的条件下，区域金融逐步走向一体化。区域金融资源是一个内涵丰富的概念，主要包含三层含义：第一层指的是基础性金融资源，贯穿于金融活动整个过程，是最基础、最核心的区域金融资源，这里主要指的是货币性资金，也就是广义的货币资产（资金）；第二层指的是中间性实体的金融资源，主要包括金融机构体系以及金融市场工具体系，这是区域金融一体化过程中的主要推动力；第三层为整体功能性资源，它是一种高层级的金融资源，主要是指国家相关的金融制度、上层金融结构中存在的金融意识以及国家或国际整体的金融生态环境等，这种顶层设计有助于推进金融一体化发展进程。正是这种互补式差异的存在推动了金融资源的相互融合，从而使区域金融的发展不断趋于一体化。

区域金融资源禀赋差异，最初体现在基础性金融资源在空间上的分布不平衡，呈现非均质或不连续的特点。区域金融禀赋差异易引起金融资源的区域间流动，然后出现实体性金融资产和金融机构的差异性分布，再加上区域内部分地区金融工具的滞后，会导致金融制度法规的陈旧和金融意识的薄弱，直接导致区域整体性金融资源禀赋差异。金融资源丰富的地区需要吸引更多的金融从业人员，金融资源贫瘠的区域则需要金融资本进入、金融机构入驻和金融工具推广，这种互补式差异的存在，才会引致金融资源在不同区域流动，达到相互融合的效果，最终使区域金融发展趋于一体化。

（二）地理因子——金融资源的地域联系

金融资源地域流动是区域金融一体化的地理要素，金融地理学家认为金融资源地理分布存在异质性和不规则性，异质性和不规则性容易导致金融资源发生地域流动。经济学家劳拉詹什对"金融地理"思维进行了提炼，指出其分析逻辑：空间差异－空间运动－空间组织形态－空间相互作用。

金融资源地域流动理论从运动起源、运动规律及运动方式等方面阐释了"流动"和"地理"的联系，其实质是金融效率的地理导向性。在效率改进的推动下，金融要素的背景、变化路线及变化机制各不相同，这些差异性也会推动金融要素的地域运动。

金融资源地域流动理论充分诠释了金融的"层次性""地域性""空间运动性"等内在属性，通过具体的金融产业非均衡成长规律、金融产业城市群体区域运动规律等来分析和解释金融一体化中的问题。

（三）动力因子——金融效率

金融效率的帕累托改进作为区域金融一体化发展的驱动力，通过推动金融资源的地域流动，突破地理限制，最后实现融资收益的最大化。金融效率帕累托改进旨在实现金融资源的空间优化配置，从两方面影响区域金融发展。第一，金融资源的区域性匮乏会影响本地金融业的长远发展，增加金融业运行的风险，降低融资收益和金融效率预期。第二，各区域有意识加强与金融发达区域的合作，构建多种合作体系，实现双赢局面。

区域金融一体化是一个动态过程，主要包括区域金融产业一体化、区域金融市场一体化以及区域金融政策与服务一体化，其中区域金融产业一体化是核心部分。区域金融产业的成长具有一定的地域属性，区域金融产业的空间梯度是形成金融产业辐射进而促进区域金融一体化的直接原因。而金融效率的地域改进能够有效缩小这种空间梯度差异，在此基础上推动区域金融一体化的发展。

（四）触发因子——金融发展梯度

区域金融一体化的触发因子是金融发展梯度。它主要是指地区间金融竞争力的梯度差异。地区间资源禀赋的不同会导致金融资源在地区之间的快速互动，进而促进金融效率的改进，相反，金融资源的地域流动和效率改进又反作用于金融竞争力，造成竞争力差异，同时也会促使金融合作取长补短，进行明确分工和协调，进而使区域金融一体化趋势不断加强和发展，最终成型。

四 区域金融合作理论

区域金融合作理论是区域金融学研究中的一个重要组成部分。其主要研究内容是，某区域内的各地区之间通过金融运行和金融资源之间的相互关联，使整个区域的协调发展得以实现并持续进行。通常情况下，区域金融合作是指一些地理相近的区域为了实现规模经济、享受金融资源的优质配置而主动进行合作的行为。对于区域合作的进一步诠释，需要重视以下几点。

（一）金融为实体经济服务

区域金融合作最根本的目的就是实现经济协调发展的可持续性。无论是哪一个阶段，各地区的经济发展都存在许多的差别，而这些差别使金融资源倾向于向经济发展更佳的区域流动，如果单纯依赖金融市场的自发调节是无法满足经济发展需求的。若想使各地区都能够享受到金融资源的优质配置，那么就需要政府进行宏观调控来实现区域金融的合作。

（二）区域金融合作依赖一定的经济基础

没有经济发展活力的金融没有任何生机可言。主要原因有以下几点：第一，经济的长期发展说明收入越高带来的储蓄也越多，储蓄是金融市场上最为重要的资金来源之一；第二，经济的持续发展也会带来更多的资金投入，资金投入是金融市场正常运作的需要。唯有同时具备资金的供给能力和需求量，金融资源才能正常流通，金融发展水平才能相应地提高。

（三）区域金融合作建立在一定的金融实力差的基础之上

通常来说，每个区域内都有一个金融中心，也就是区域内经济发展水平最高的地方，金融中心首先是通过集中一些效益不错的产业来持续吸收周边的金融资源以及其他各种优势资源，从而快速推动本地金融繁荣和经济发展，然后再通过区域金融合作的周边效应来带动并提升附近一些城市的经济发展水平，最终实现整块区域的经济协调发展。但需重点注意的是，区域内的各地区之间的经济实力相差不能太大，一旦过大，则无法形成合理有效的分工，从而阻碍区域金融合作效益的实现，阻碍经济发展。

（四）差异性和互补性

除了金融实力差异，各地区之间在金融领域内的其他方面，也存在一定的差异性和互补性。唯有各地区金融领域具有各自优势的同时又存在一些发展缺陷，才能通过区域金融合作来进行相互作用，实现互补，从而促进各地区以及整个区域金融的持续发展。

（五）金融联系是实现区域金融合作的有力保障

区域内各地区之间的金融关系越融洽，相互联系越紧密，经济活动交流越多，区域金融合作才更加有可能，并且成功率也会越高。各地区的金融活动交流不仅仅局限于经济上的一些资本的相互流通，还包括金融专业人才以及信息的流动。这些金融联系既可以通过市场的自由调控来实现，也可通过政府的宏观调控来实现。

五　区域金融差异理论

区域金融差异理论，除了研究区域金融发展的一些差异，更主要的是研究造成区域金融差异的具体原因及其与经济增长之间的关系。

通过综合研究区域金融结构的差别及其特点来挖掘适合这一区域金融发展的模式，再通过对金融政策和效益的不断完善来实现区域金融的协调发展。

（一）区域金融环境差异

所谓金融环境是指会影响到金融活动进展的所有因素，它们是形成区域金融差别的根本原因。总体来看，金融环境的差异不仅是外部环境的差异，还包括内在的环境差异。外部环境差异主要是由区域内每个地区之间的信誉度不同、政府给予的支持力度不同、法治环境对金融发展的保障程度不同而产生的。内部环境差异则主要是由区域内每个地区的金融机构和企业内部的管理制度不同而引起的。

（二）区域金融总量差异

在一定阶段内，通常是用金融活动总量和经济活动总量之间的比值来衡量金融发展水平。因此，在某种程度上，区域内各地区的金融总量之间的差异能够反映金融发展中存在的一些差异。通过研究区域金融总量之间的差异特点以及变化趋势，制定适合本区域金融发展的策略。

（三）区域金融结构差异

所谓区域金融结构差异，通常是指区域内的每个金融组成部分在分布、规模以及相互关联和作用上的一些差异。整体来看，区域金融结构差异对金融结构和体系具有决定性作用。其中，金融工具结构的差异性则是指每个地区在各自的金融工具的使用程度上的一些差异；利率结构差异则是指每个地区所形成的各自的金融资产的价格组成要素不同；金融体系的结构差异则是指每个地区金融化的形成比例具有差异性。每个区域的金融结构都是最符合当地的金融发展模式的，并会随着经济发展阶段的不同而发生相应的改变，所以这一差异性的存在符合市场的发展需求。

（四）区域金融效率差异

金融效率反馈的是金融投入和产出之间的相互关联性，也就是金融的投入和产出的经济增长之间的相互关联性。根据金融主体的差异，可以把区域金融效率差异细分为宏观金融效率差异、微观金融效率差异以及金融市场效率差异。

六　区域金融增长理论

主流经济发展理论认为，区域储蓄水平决定区域竞争力，区域竞争力又会影响区域储蓄水平，二者是相互作用、同步变化的。由于储蓄量对于区域内的资本积累有着直接的影响，而资本积累又直接影响区域经济的整体发展速度，因此当储蓄不足的时候，区域经济的发展难以为继。基于上述情况，可以认为促进区域经济发展水平的一个重要途径就是提高区域的储蓄量。

区域储蓄总量的增加，主要包括以下两方面。第一，国民收入通常情况下会被分为消费和储蓄两部分，实际上，这两者都处于一个弹性的空间，因此多种因素都会对消费和储蓄的比例产生直接影响。上述情况在资本完全自由流动的金融体系中体现为储蓄快速转化为消费，因此储蓄和信贷之间的转化会非常频繁而快速。第二，良好的金融主体在制度建设、组织结构和投资渠道方面都是完善的，而通过动员储蓄者放弃对其资本的控制权将会极大地降低信息和交易成本，并可从中获利。而这一行为对于储蓄总量的增加所起到的作用是积极的。

第四节　劳动力市场一体化

一　劳动力市场与区域经济的关系

劳动力市场一体化是指在劳动力能够自由流动的机制作用下，地区间形成统一的劳动力市场，从而实现区域内劳动力资源的合理、优化配置。由于劳动力市场的竞争性，企业和个人都能进入或迁移到可以提供最佳经济机会的地区，通过它们的迁移可以消除地区之间的工资差异，因此不同劳动力市场采用单一工资率是劳动力市场一体化的重要特征，但一些非竞争性因素的存在阻碍了劳动力市场一体化的进程，例如，劳动力的流动除了要考虑流动的成本与收益等市场因素，还要考虑许多复杂的社会和政策制度因素，不同劳动力市场上的工资差异就是这种非竞争性因素的直观表现。

2014 年，京津冀协同发展作为"一号工程"上升为重大国家战略，其长远目标是继长三角、珠三角之后，打造中国区域经济发展新的增长极。

2019 年，习近平总书记在京津冀协同发展座谈会上明确提出，要立足于推进人流、物流、信息流等要素市场一体化，破除制约协同发展的行政壁垒和体制机制障碍，构建促进协同发展、高质量发展的制度保障。生产要素市场包括金融市场、劳动力市场、房地产市场、技术市场和信息市场等，而劳动力作为最重要的生产要素之一，在区域经济发展中发挥着重要的基础性作用，其市场一体化水平是经济市场发展水平和竞争力的重要体现。因此，对劳动力市场一体化程度进行测度并对劳动力市场一体化发展的影响因素进行探讨，对实现区域各生产要素合理流动及区域协同发展具有重要意义。劳动力市场一体化与区域经济增长存在显著的相互促进关系。

二　劳动力市场一体化的理论演进

新古典经济学认为，劳动力市场是一个可以由价格机制充分调节的统一体。劳动力可以在这里实现平等的交换，工资决定了劳动力供需的平衡。传统劳动力市场理论的研究是在"统一的劳动力市场"前提下进行的，完全竞争条件下市场机制自发作用的结果便是统一的劳动力市场，所以根本就不会存在劳动力市场一体化的问题。但随着社会的变迁、研究的深入，越来越多的学者对完全竞争的劳动力市场观点提出质疑。

20世纪中期开始，很多学者发现：对一些劳动力市场出现的问题如歧视、贫穷、劳动力流动障碍等的解释，新古典经济学的理论往往无能为力。于是很多学者转而把视角定位在制度和社会因素对劳动报酬和就业的影响上，并于70年代形成了一个新的理论——劳动力市场分割理论。劳动力市场分割理论的应运而生，使劳动力市场一体化问题逐渐得到理论界的重视，并逐渐成为劳动经济学研究的前沿问题之一。

与此同时，以城乡劳动力市场分割为切入点的发展经济学也在蓬勃发展，发展经济学是以二元经济结构为理论基础的，该理论揭示了城乡劳动力市场分割的原因以及一体化的趋势。最有代表性的是刘易斯模型和托达罗模型。刘易斯模型和托达罗模型是对劳动力市场分割理论的进一步深化。刘易斯模型和托达罗模型都侧重研究城乡劳动力市场分割，将分割的原因归结为工业和农业两个生产部门存在的劳动效率的巨大差别。两种模型重要的区别在于实现城乡劳动力市场一体化的条件不同。其中刘易斯模型主张通过发展城市工业部门来吸收农村剩余劳动力，推动城乡劳动力市场的一体化。托达罗模型主张通过提高农业劳动生产率，缩小农业与非农业的收入差距，促进城乡劳动力市场的一体化。各学派对劳动力市场的认识从最初的整体观，演变为分割观，进而演变为城乡分割观，表现了对劳动力市场的理论假设越来越接近社会现实，也体现了学者们对劳动力市场一体化的研究越来越重视。

改革开放以来，随着"放权让利"、行政性分权体制改革的深入，在激活地方经济的同时，也使地方市场分割逐渐成为我国新旧体制转轨过程中存在的突出问题，阻碍了全国统一大市场的建立。打破地方保护，推动区域市场一体化，是建设中国特色社会主义市场经济体系的重要内容。市场体系分为产品市场与要素市场两大类，其中要素市场中的劳动力市场在整个市场体系的运作中起基础性作用，其他市场的有效运行必须以劳动力市场的培育和完善为前提，而现阶段从劳动力市场的视角分析区域市场一体化的研究并不多见。对于本书所要研究的晋－京津冀劳动力市场一体化而言，需要在基于劳动力市场分割理论的支撑之下，结合晋－京津冀劳动力市场一体化发展的现状，认清晋－京津冀劳动力市场一体化面临的障碍，提出促进晋－京津冀劳动力市场一体化的合理政策建议。如此一来，我们探究区域劳动力市场一体化才能更好地反映现实、服务现实。

第三章

晋－京津冀商品市场一体化发展

改革开放以来，京津冀一直是山西能源资源的主要消费区，是山西外输物资的重要通道，同时也是山西最重要的贸易交易伙伴，山西与京津冀在商品贸易方面始终保持着高度密切的联系。尽管近年来山西与京津冀的经贸交流与合作在不断加强，但是由于山西长期以来存在的产业结构单一、传统产业独大等问题，其外输的产品多集中在原材料和能源等领域，山西以资源消耗和环境损害为代价的粗放式发展难以为继，加大了本省经济结构调整的难度。因此，研究晋－京津冀商品市场一体化发展状况，帮助山西寻求新的区域合作方式，对建立一个统一开放、竞争有序的经济一体化区域市场体系以及深入推进山西融入京津冀经济圈具有十分重要的意义。

第一节　山西经济协同发展的基础

山西省简称晋，地处黄河以东，太行山之西，基本地形是中间为盆地、东西两侧为山地。其北与内蒙古自治区相接，东与河北省相接，南与河南省相连，西隔黄河与陕西省相望。全省面积为156000

平方公里，占全国总面积的 1.6%，总人口为 3729.3 万人。

山西省的经济保持着持续平稳的增长态势。2020 年，山西省地区生产总值达 1.8 万亿元，虽在全国范围看属于中下游水平，但比上年增长 3.6%。山西作为资源大省，虽然实现了较高的经济增长，但是经济总量较低，经济增长模式仍具有粗放增长的特征，更多地依靠资源消耗，而科技创新的能力和对外开放的程度明显不足。2020 年山西省的经济运行数据显示，全省全年粮食产量 1424.7 万吨，同比增长 4.6%，工业增长 3.0%，采矿业增加值比上年增长 8.0%，制造业比上年增长 4.2%，其中装备制造业比上年增长 5.7%，钢铁工业比上年增长 8.3%，电力、热力、燃气及水生产和供应比上年下降 1.0%。从投资占总量经济的比重看，山西省的投资率一直保持在较高的水平上，且呈现不断上升的趋势。固定资产投资完成 13048.2 亿元，同比增长 10.6%，高于全国平均水平，其中民间投资 4056 亿元，第一产业投资比上年增长 32.4%，第二产业投资比上年增长 16.6%，第三产业投资比上年增长 5.5%，全年全省房地产开发投资 1830.4 亿元，比上年增长 1.1%。中国经济对资本投入的依赖性在近年来明显上升，全社会固定资产投资占 GDP 的比重已经从 2010 年的 35% 左右上升到 2020 年的 42% 左右。山西省的经济增长相对于国内其他省份①更加依赖资源、物质投入，这对资源和环境的可持续发展造成了显著的压力。山西地处内陆，长期以来外贸水平较低，2020 年全省进出口总额为 219 亿美元，创山西历史最高水平，其中出口完成 142 亿美元，进口完成 77 亿美元，进出口差额为 65 亿美元。2020 年山西进出口总额与同为内陆省份的河南相比，仅占河南（879.9 亿美元）的 24.9%，并且其增幅比全国平均增幅低 2.1 个百分点。部分中西部省份出口增长率如表 3 – 1 所示。

---

① 本书研究中涉及省份的均不包括港澳台地区。

表 3 - 1　部分中西部省份出口增长率

单位：%，百分点

省份	2010 ~ 2015 年	2016 ~ 2020 年	变化
陕　西	159.49	69.20	- 90.29
甘　肃	69.35	- 5.52	- 74.87
宁　夏	52.62	9.13	- 43.49
新　疆	- 0.26	- 11.22	- 10.96
河　南	275.41	45.51	- 229.90
青　海	15.44	- 49.78	- 65.22
山　西	69.69	13.51	- 56.18
内蒙古	40.79	25.49	- 15.30
重　庆	471.00	64.00	- 407.00
四　川	128.87	151.36	22.49

山西省省会城市太原，集政治、经济、交通枢纽等中心于一身，同时又是全国重要的能源化工基地。太原自然资源丰富，主要金属矿物有铁、锰等，非金属矿物有煤、硫黄等，在所有的矿物资源中，以煤炭储藏丰富闻名全国。据探测，太原煤炭的总储量在 245 亿吨。全市总面积 6988 平方公里，截至 2020 年底，全市常住人口 530.41 万人，GDP 达 4153.25 亿元，比上年增长 2.6%。其中，第一产业增加值 32.24 亿元，增长 3.7%；第二产业增加值 1504.19 亿元，增长 3.0%；第三产业增加值 2616.82 亿元，增长 2.3%。三次产业占生产总值的比重分别为 0.78%、36.22%、63.01%，分别拉动经济增长 0.03 个、1.15 个和 1.42 个百分点。

第二节　商品市场一体化

一　消除"经济边界"的手段

由于阻碍各地区形成商品市场一体化的原因不同，因此消除

"经济边界"、提高商品市场一体化程度的手段也不尽相同。首先是基础设施建设阶段，在这个阶段，主要是通过在区域内进行大规模的交通、物流等基础设施的建设，建立起商品在不同地区之间自由流动的物质基础。其次是地区之间的经济合作逐步扩大阶段，在这个阶段，各地政府可能会为了整个区域的整体利益签订一系列的合作协议。一般会发生在地理位置相邻、经济发展水平相似的地区。最后是制度的建设和整合阶段，在这个阶段，可能会形成一个较为合理的、涉及整个区域的市场体系，此时在整个区域存在各种能够促进商品市场一体化的政策法规，从而促进实现整个区域的商品市场一体化。如果达到完全的市场一体化状态，"经济边界"就会消失，在地区之内就只会受到同一个供求关系的影响，同质商品的价格将趋同。

二　商品市场一体化的表现

商品市场一体化的趋势可以从三个方面来反映。第一个方面是流动性。各种商品和要素在不同地区之间的流动不会受到地区间贸易壁垒的限制。第二个方面是一致性。各个地区都能够实行统一的发展策略，不存在为了发展本地区经济而故意危害其他地区发展的经济行为。第三个方面是有序性。市场规律在经济行为中能够得到充分的体现，地区间的价格优势真实地反映了市场规律，不存在人为因素的扭曲而导致不公平竞争现象的发生。

其中充分的流动性是商品市场一体化的最基本特征，也是商品市场一体化发展的集中体现。商品和要素在市场中的自由流动能够集中反映市场的一体化发展趋势。如果商品和要素在市场中的流动性增强，则可以认为地区保护主义形成的贸易壁垒减弱即市场的一体化程度增强。相反，如果商品和要素在市场中的流动性减弱，则可以认为人为产生的地区性贸易壁垒在增强，存在"反一体化"趋势。因此，我们可以将市场的流动性作为测度标准，对区域内的市场一体化程度进行测度。

第三节 商品市场一体化程度的测度

一 商品市场一体化测度方法的选择

市场一体化问题研究的基础是一体化的测度，为了定性地分析晋－京津冀的经济一体化现状，我们需要构建一个经济一体化测度指标，以此来判断区域近年来市场分割的变化。在衡量地区间一体化水平的方法选择上学术界一直有着不同的声音，从市场一体化的内涵来看，一体化是对各个子市场之间相互联系程度的衡量，由于市场之间的联系可以从区域内商品贸易往来、区域生产结构异同、区域内商品价格波动的异同等多方面来评价，因而在过往的研究中衍生出了五种方法来构建这一指标，它们分别是"贸易流量法""生产法""相对价格法""经济周期法""问卷调查法"。这五种方法各有利弊，它们都是依据不同的模型体系建立起来的，在统计口径上也存在明显的不同。由于衡量的侧面不同，对区域内一体化的水平在测度结果上也存在一定的差异。其中最常用的是前三种。

"贸易流量法"是利用贸易流量的变化测度市场的分割情况，衡量区域一体化时将地区间的贸易水平作为衡量依据，主要衡量两地区间商品的流动趋势。"贸易流量法"认为区域一体化的程度最集中和最直接地体现为地区间的贸易交流，其中心思想是通过一个地区或部门内部的贸易流量变化与整个国家或者行业总的贸易流量变化进行比较，分析其所占比重是增加还是减少了，以此判断整个国家或行业内部的市场分割状况是改善还是恶化了。具体操作方面，以贸易流量作为被解释变量，解释变量包括地区间的距离变量、相对价格变量、生产能力差异以及地区间相邻状况等。这种方法将贸易流量的直接变化看作整个市场一体化发展状况的集中体现，各地区之间进行贸易交流的动力来自地区内部的贸易条件与地区间的贸易条件的差异水平。该方法主要依托于"边界效应"模型，该模型的焦点在于区域的边界对区域贸易流量的影响，认为阻碍地区间相互贸易的主要因素是由边界所反映的贸易壁垒的大小。

"贸易流量法"具有一定的合理性，该方法在原理上比较容易理解，实际测度中的操作也较为简便，但是其缺陷也同样十分明显。首先，在对贸易流量的估计上，影响贸易流量的因素有很多，比如两地间市场整合度、规模经济、要素禀赋等的变化都会导致贸易流量的改变。就一些受价格影响导致贸易量大幅波动的商品来说，如果在进行回归时对这些变量不能合理控制，产生的结果就有可能不够可靠。其次，商品的替代弹性也会对贸易流量造成极大影响。我们无法排除商品的替代弹性所带来的影响，商品的替代弹性无法被剔除，那么只需要一个极小的价格调整，就会给贸易流量带来大幅度的变动，导致在估计贸易流量的数值上存在很大的偏差，这会给一体化水平的估计带来误差。最后，由于目前中国缺乏各个地区间贸易流量的准确数值，这会使我们对贸易流量的估计极有可能不够严谨。

"生产法"是在学者意识到"贸易流量法"的不足后所产生的，"生产法"的关注对象主要包括生产周期、产出结构以及生产效率，更加关注各地区在生产能力、生产水平和生产专业化程度等方面的情况。该方法认为，地区之间在生产过程中的依赖程度是决定区域一体化水平的主要衡量标准，也是反映市场一体化进程的重要方式。该方法主要研究生产过程中的各种要素资源是如何在地区间进行分配的，当生产技术和资源要素在区域内存在大规模流动就认为该区域内的一体化水平在提高。另外，"生产法"衡量区域内一体化水平的一个重要依据是地区间生产的专业化程度，它认为生产的专业化程度是促成区域发展一体化的一个重要条件，如果存在各地区所生产的产品种类趋于一致的情况，那么这种状况就会导致区域内形成同类产品的不良竞争，从而进一步引发出现恶性的地方贸易保护主义的倾向。但是，如果生产的专业化程度在区域内显现不断提高的趋势，那么它就会有助于地区之间的协同发展，促进一体化程度的提高。

尽管该方法改善了"贸易流量法"所存在的一些缺陷，但也有其自身的不足。主要表现为该方法所选取的指标都是一些比较间接的测度指标，无法对地区之间的真实贸易状况做出直接的反映。另外，"生产法"在逻辑上还不足以表现所选择的指标和地方保护及市场分割程度之间的相关关系，目前学界对于这种用生产的专业化程度去衡量区域一体化水平的方法还存在一定的争议，原因在于这种方法还缺少一些确定的来自理论方面的支持，还没有理论研究能说明生产的专业化程度的发展与促进市场一体化水平的提高之间存在明确关系，导致用这种方法所得出的研究结果缺乏一定的可信度。

在综合考量了几种方法的优缺点后，可以得知，在测度方法的选择上要选择一种更为合理的测度方法，不仅要求能准确地判断市场一体化的发展变动趋势，而且还要能找出其背后所隐藏的因素。因此，本书选择"相对价格法"作为区域商品一体化水平的测度方法，原因是"相对价格法"利用的是对各类商品相对价格的波动范围的检测来对商品市场的分割程度进行测度，将商品零售价格作为衡量区域一体化水平的要素是测量一体化水平的最直接、最有效的一类经济数据，价格趋同表明贸易壁垒消除，是对区域整合的直接反应，有一定的理论依据。另外，价格具有可分解性，在实证研究过程中能够帮助我们排除区域分割要素之外的其他因素的影响，有利于得出更为准确的测度结果。此外，利用"相对价格法"可以获取个体区域市场一体化的动态特征、每个个体与其他个体两两之间的市场融合特征，还可以得到面板数据形式的测度结果，为进一步的经济计量分析提供丰富的数据信息集。

二　测度模型和数据分析

（一）模型理论

利用"相对价格法"研究个体区域市场一体化是基于萨缪尔森的"冰山运输成本"模型。这一模型也是对一价定律的修正和补充，一价定律强调，如果贸易中的交易成本为零，则对于任意两地出现的某种商品的价格差异，投资者均有意愿在两地买卖该种商品，以获取套利收益，直至商品在两地的价格相同，因此套利机制的存在会使商品和要素价格在不同地区之间趋同。"冰山运输成本"模型则认为，在现实生活中，交易成本始终是存在的，比如客观存在的交通运输等成本，没有消除的可能。正如"冰山运输成本"模型所揭示的，商品价值在贸易运输过程中其价格就像冰山一样融化掉了一部分，因此即使地区间实现了完全套利，相同产品和要素的价格在两个地区间的价格仍然不会绝对相同，而是相对价格会在一定的区间内波动。具体地，以 i 和 j 两地为例，假设某商品的售价在两个地区分别为 P_i 和 P_j，交易成本（商品在两地间交易所造成的各种损耗）可以表示为每单位价格的一个比例 C（$0 < C < 1$）。此时，只有当条件 $P_i(1-C) > P_j$ 或者 $P_j(1-C) > P_i$ 满足时，才存在套利活动，即只有有经济主体在进行跨区的贸易活动中获取利润时，两地投资者才会进行此商品的贸易，直至跨区套利活动产生的利润为零。当上述条件不成立时，可得到相对价格 P_i/P_j 的无套利区间 $[1-C, 1/(1-C)]$，此时的投资者不具有套利能力，跨区套利活动将停止。因此，极端情况下，如果完成交易的成本为零（$C = 0$），跨区交易将出现一价定律的结果：$P_i = P_j$。在存在交易成本时，如果市场是整合的，套利动机将使商品在异地间的价格具有收敛至非套利区间的趋势，P_i/P_j 具有在一定区间内波动的趋势。

我们可以将两地间的一体化水平表示为交易成本在整体价格中所占的比重，贸易过程所包含的交易成本包括各种导致商品在贸易中发生损耗的因素，既包括自然地理的阻隔，又包括制度性障碍。在地区间价格波动中，减少运输成本、削弱制度性壁垒都意味着交易成本的下降，当交易成本在价格中的比重降低时，两地的价格比将收窄，使此时相对价格波动的范围随之缩窄，跨区商品或要素的套利区间越小，表明个体区域的市场整合程度越高，相反如果两地的交易成本在价格中的比重升高，则会使两地的价格比扩张，表明此时的区域市场整合程度较低。

（二）一体化指数的构建

1. 数据选取

利用"相对价格法"计算商品市场一体化指数，我们需要利用三维（$t \times m \times k$）的面板数据。其中，t 为时间，m 为地区，k 为商品。我们的原始数据主要来自《中国统计年鉴》中北京、天津、河北、山西的商品零售价格分类指数，涵盖了 2003～2019 年 4 个省份的 14 类商品，满足了时间、地点与商品种类三个维度（$17 \times 4 \times 14$）的数据要求。受数据可获得性的限制，在时间的选取上，选择 2003 年作为起始年份，是因为在 2003 年之前分地区商品零售价格分类指数中缺少部分商品的数据，如文化办公用品以及交通、通信用品等。在商品种类方面，选择了 14 类商品，均以初级产品为主，涵盖的商品种类也比较广泛，并且初级产品对价格的涨跌反应都比较快，所以更具代表性，可以代表一个综合的商品价格信息。这为本书商品市场一体化指数的构建提供了一个完整的面板数据库。所选取的构建商品市场一体化发展水平测度指标的 14 类商品如表 3 - 2 所示。

表 3 – 2　商品市场一体化测度指标

一级指标	二级指标
市场一体化指数	粮食类
	菜类
	干鲜瓜果类
	饮料烟酒类
	服装鞋帽类
	纺织品类
	家用电器及音像器材类
	文化办公用品类
	日用品类
	交通、通信用品类
	化妆品类
	中西药品及医疗保健用品类
	书报杂志及电子出版物类
	燃料类

2. 数据处理

根据上述理论模型，从统计上来看，P_i/P_j 波动范围的大小可以用 P_i/P_j 的方差 $\mathrm{Var}(P_i/P_j)$ 来表示，P_i/P_j 波动范围越小，即 $\mathrm{Var}(P_i/P_j)$ 越小，则表示区域市场一体化程度越高，P_i/P_j 波动范围越大，即 $\mathrm{Var}(P_i/P_j)$ 越大，则表示区域市场一体化程度越低。因此，$\mathrm{Var}(P_i/P_j)$ 可以用来测算市场一体化程度。在实际测度过程中，往往包括很多商品和地区，我们假定 i 和 j（i，$j = 1$，$\cdots$，N）两个地区商品 k（$k = 1$，$\cdots$，K）在时期 t（$t = 1$，$\cdots$，T）的价格分别为 P_{itk} 和 P_{jtk}，根据"冰川价格"模型，在地区间贸易中要存在套利的价格关系则必须满足

$$P_{itk}(1 - C_{ijtk}) > P_{jtk} \tag{3 – 1}$$

或者

$$P_{jtk}(1 - C_{ijtk}) > P_{itk} \qquad (3-2)$$

对上面两个式子同时取对数，即

$$\ln(P_{itk}) + \ln(C_{ijtk}) \geqslant \ln(P_{jtk}) \qquad (3-3)$$

或

$$\ln(P_{jtk}) + \ln(C_{ijtk}) \geqslant \ln(P_{itk}) \qquad (3-4)$$

以上式子中的 C_{ijtk} 表示"冰山运输成本"模型中的价值损失，取值范围为（0，1）。因此，套利机制正常运作情况下，商品 k 价格在两地的波动范围为

$$\ln(C_{ijtk}) \leqslant \ln(P_{itk}) - \ln(P_{jtk}) \leqslant -\ln(C_{ijtk}) \qquad (3-5)$$

因为 C_{ijtk} 小于1，$\ln(C_{ijtk})$ 的取值将小于0。令 $Q_{ijtk} = \ln(P_{itk}) - \ln(P_{jtk})$，可得到完成交易的非生产性成本范围，即

$$|Q_{ijtk}| \leqslant -\ln(C_{ijtk}) \qquad (3-6)$$

同理，令 $Q_{kij,t-1} = \ln(P_{ki,t-1}) - \ln(P_{kj,t-1})$，则有

$$\Delta Q_{ijtk} = Q_{ijtk} - Q_{kij,t-1} \qquad (3-7)$$

即

$$\Delta Q_{ijtk} = \ln(P_{itk}) - \ln(P_{jtk}) - [\ln(P_{ki,t-1}) - \ln(P_{kj,t-1})] \qquad (3-8)$$

进一步可以得到

$$|\Delta Q_{ijtk}| = |\ln(P_{itk}/P_{jtk}) - \ln(P_{ki,t-1}/P_{kj,t-1})| \qquad (3-9)$$

即相对价格的一阶差分形式，在客观存在的交易成本即"冰山运输成本" C 极大时，我们可以认为市场处在完全的分割状态，在这种条件下 $Q_{ijtk} = \ln(P_{itk}/P_{jtk})$ 是收敛的，而 $\Delta Q_{ijtk} = \ln(P_{itk}/P_{jtk}) - \ln$

$(P_{ki,t-1}/P_{kj,t-1})$ 也是收敛的，在统计计算中我们可以认为 Q_{ijtk} 与 ΔQ_{ijtk} 在数值特征上是等效的。这就说明我们使用差分形式来表示相对价格的方法是可行的。另外，对 ΔQ_{ijtk} 取绝对值的原因是，取对数形式后 i 地与 j 地价格的分子分母位置调换将引起 ΔQ_k 符号的反向变动，即 $\Delta Q_{ijtk} = -\Delta Q_{ijtk}$，此时，置放顺序的不同将影响到 $\mathrm{Var}(\Delta Q_{ijt})$ 的大小。为了排除这种影响，我们在度量过程中统一取绝对值来避免这一问题。

将式（3－9）进一步通过数学转化得到：

$$|\Delta Q_{ijtk}| = |\ln(P_{itk}/P_{i,t-1,k}) - \ln(P_{jtk}/P_{j,t-1,k})| \qquad (3-10)$$

从经济学角度来看式（3－10）的经济含义，可以理解为，ΔQ_{ijtk} 表示商品 k 在 i 地从时期 $t-1$ 到时期 t 的相对价格与该商品在 j 地从时期 $t-1$ 到时期 t 的相对价格之差。$\ln(P_{itk}/P_{j,t-1,k})$ 表示价格变动比率，ΔQ_{ijtk} 可以简述为商品 k 的价格波动之差。并且经过转化后的式（3－10）使我们可以利用商品的环比价格指数来构建反映市场一体化进程的指标，在现实统计数据中，尤其在中国，环比价格指数的数据相对更加容易得到。为了更为准确地度量相对价格的方差，在实际计算过程中，我们还必须剔除 $|\Delta Q_{ijtk}|$ 中由商品异质性导致的不可加效应，异质性效应是指只与商品或行业本身的性质有关而与该地区采取政策措施无关的效应。可以将 $|\Delta Q_{ijtk}|$ 拆分为两部分：第一，只与产品和要素自身的某些特性有关；第二，与产品和要素的特征无关，与 i、j 两地特殊的外部市场环境或其他随机因素相关。第一类因素即产品和要素本身的性质决定了市场的整合与分割会受到自然条件变化等因素的影响，而且这种影响引起的波动很大，可能导致 $|\Delta Q_{ijtk}|$ 的计算结果偏大，过高估计价格差中的其他因素影响，而其他因素影响与区域间的一体化程度无关，并不是我们所要研究的内容，所以要排除 $|\Delta Q_{ijtk}|$ 中只与产品和要素本身的性质有关而与区域市场环境无关的因素。对此，采取去均值方法来消除这种偏误。

具体做法是：设 $|\Delta Q_{ijtk}|$ 由 $\alpha(k)$ 与 ε_{ijtk} 两项组成，其中 $\alpha(k)$ 表示由产品和要素本身性质引起的个体固定效应，仅与商品种类 k 相关，ε_{ijtk} 表示与商品本身属性无关的效应，与 i 和 j 两地特殊的市场环境相关。采取去均值方法消除个体固定效应 $\alpha(k)$，先对所有样本在给定年份 t、给定产品和要素类别 k 的 $|\Delta Q_{ijtk}|$ 计算出所有贸易组合的平均值，即 $\overline{|\Delta Q_{kt}|}$，去均值可表示为 $|\Delta Q_{ijtk}| - \overline{|\Delta Q_{kt}|}$。可得到：

$$q_{ijtk} = [\alpha(k) - \alpha(\bar{k})] + [\varepsilon_{kijt} - \overline{\varepsilon_{kijt}}] \qquad (3-11)$$

其中 q_{ijtk} 的经济含义是，地区 i 和 j 之间商品 k 的套利受当地特殊市场环境影响的大小，即 i 地和 j 地之间不同的市场环境对相对价格差的影响，$\alpha(k) - \alpha(\bar{k}) = 0$。

此时的 q_{ijtk} 已经不包含与商品特征有关的变量，而只受市场的影响。我们用 $\mathrm{Var}(q_{ijtk})$ 表示 q_{ijtk} 的方差，表示在时刻 t，地区 i 和 j 在商品 k 的方差，这个方差的大小就可以表示两个地区的商品市场一体化程度，其经济含义是地区 i 和 j 的商品 k 价格的套利区间波动范围。

对 $\mathrm{Var}(q_{ijtk})$ 的具体计算过程参考林志鹏（2013）的方法计算，详细步骤如下。

（1）逐年计算所有各类商品消费价格指数的对数 $\ln(P_{kit})$，$k = 1, \cdots, K$ 表示商品的类别，$i = 1, \cdots, N$ 表示地区，$t = 1, \cdots, T$ 表示时间。

（2）所有 t 年和 k 类商品，各城市与所有其他城市组成的 $n(n-1)/2$ 个"城市对"的对数价格指数之差 $\Delta Q_{ijtk} = \ln(P_{kit}) - \ln(P_{kjt}), i \neq j$。

（3）计算所有"城市对" ΔQ_{ijtk} 的绝对值 $|\Delta Q_{ijtk}|$。

（4）给定 t 和 k，计算所有"城市对" $|\Delta Q_{ijtk}|$ 的均值，$\overline{|\Delta Q_{kt}|} = 2\sum_{i \neq j} |\Delta Q_{ijtk}| / n(n-1)$。

（5）给定 t 和 k，对所有 ΔQ_{ijtk} 去均值，即计算 $q_{ijtk} = \Delta Q_{ijtk} - \overline{|\Delta Q_{kt}|}$。

（6）给定 t，逐年计算所有"城市对"在商品类别 k 的方差 $\mathrm{Var}(q_{ijt})$，$\forall i$，j，$i \neq j$。

（7）给定 i，将它们按城市合并，可得到每个城市 i 与区域内其他城市间的市场分割指数，逐年计算所有包含 i 的方差的算术均值，$\overline{\mathrm{Var}(q_{it})} = \dfrac{1}{n-1} \sum_j \mathrm{Var}(q_{ijt})$，其中 $n-1$ 表示区域内合并"城市对"的数目。

三　商品市场一体化程度的测度结果及分析

（一）总体演变趋势

通过测算得到 2003～2019 年北京、天津、河北、山西四地的商品市场分割指数（见表 3－3）。

表 3－3　2003～2019 年四地商品市场分割指数

年份	北京	天津	河北	山西
2003	0.69173595	0.55880341	0.72507440	0.58432847
2004	0.72034974	0.64248295	0.59148638	0.60136980
2005	0.26060084	0.33103537	0.33590691	0.30423141
2006	0.28192158	0.21147859	0.22655764	0.16797323
2007	0.15825657	0.17884427	0.12488003	0.15092682
2008	0.22947936	0.29648718	0.29520796	0.30195615
2009	0.12427259	0.14862138	0.10492606	0.12377527
2010	0.41051087	0.32439527	0.29240092	0.29616814
2011	0.21853679	0.26028206	0.25467376	0.22678491
2012	0.21274574	0.20565990	0.14951821	0.21546734
2013	0.14038432	0.11159677	0.12105711	0.06945770
2014	0.21800186	0.22650825	0.21876078	0.16180807
2015	0.20000839	0.19178858	0.14698781	0.15502021
2016	0.20839967	0.23496018	0.17975218	0.17935167
2017	0.13370796	0.14146034	0.11108949	0.09813187

续表

年份	北京	天津	河北	山西
2018	0.06266814	0.05178249	0.07226945	0.06587603
2019	0.13383112	0.14554639	0.12504504	0.09569128
均值	0.25914185	0.25069020	0.23974083	0.22343049

注：①商品市场分割指数越小代表该地区的商品市场一体化程度越高，为了让数据更加直观，将所有的商品市场一体化指数乘以1000；②最后一行的均值为各年市场分割指数的简单算术平均。

资料来源：根据2004～2020年《中国统计年鉴》中四个地区的商品零售价格分类指数整理而得。

为了能够更加直观地了解商品市场一体化的变化趋势，经过数据处理，我们绘制了2003～2019年北京、天津、河北、山西四地商品市场一体化趋势图（见图3－1）。

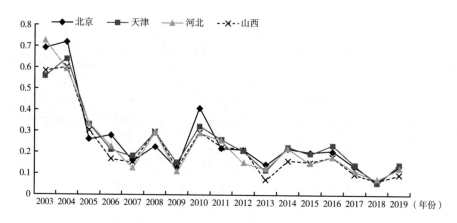

图 3－1　2003～2019 年四地商品市场一体化趋势

从表3－3、图3－1中可以看出，北京、天津、河北、山西的市场分割指数总体呈现下降趋势，表明商品市场一体化程度在波动中上升，形成了较为统一的波动路径，从整体上趋于整合。2003～2019年，四省市商品市场分割指数均在（0，0.8）区间，并且基本呈现一年下降下一年上升的波动趋势，2003～2015年呈现不断波动的趋势，

2016 年之后下降趋势较为明显，在这一时间段商品统一大市场发展迅速。在波动幅度上，北京在 2010 年较其他省市波动大，研究基础数据发现北京市 14 种商品的市场价格指数较其他省市波动大，导致商品市场一体化指数波动较大。总体来看，四省市从 2017 年以来，商品市场的分割趋势在不断下降，正在向着商品统一大市场方向发展。

（二）一体化趋势特征

2003～2007 年，一体化水平缓慢上升。我国自 2001 年成功加入世界贸易组织（WTO）后开始实施开放性政策，使我国能够更加快速地融入世界经济体系，随着彼时大量外资涌入我国，关税有所下降，这一时期在国际方面的一体化水平实现了大幅度的上升，对国内而言全面的对外开放政策使对外开放挤占了国内一体化的部分发展空间，因此这时的市场一体化提升速度比较缓慢，处于稳步提升阶段。

2007 年，美国次贷危机所引发的世界金融危机爆发，给我国的经济发展带来了很大的冲击，各省的经济也被波及，在特殊的领导考核机制下，各个地方政府纷纷出台了各种政策，实行了相对严格的贸易保护政策来保护本地的经济，减少经济危机对本地造成的经济损失，从而保证本地商品的优势地位，进而保证地方性的经济效益，这使市场分割情况有所加深，也导致了 2008 年的一体化水平下降。2009～2010 年，受经济危机的持续影响，经济危机后，各地区的对外贸易情况均受到较大的影响，于是各个地区转向与其相邻的中部地区市场，在这一时期商品市场一体化水平快速上升。随着国际市场有所转暖，各地区的外贸情况也得到了一定程度的恢复，商品市场一体化水平出现较快回落。

2010～2015 年，各地一体化水平开始在波动中上升。2010 年开始，北京、天津、河北市场分割指数下降迅速，地区经济一体化进程明显加快，原因在于该地区采取了一系列的经济手段，使其商品市场一体化水平持续稳定上升。这从侧面表明：只有打破行政壁垒，用经济手段解决市场问题才能从根本上改变当前的市场分割局面，真正加快商品市场一体化进程。而在这段时期，山西与北京、天津、河北的商品市场一体化水平出现了较大偏离，原因在于北京、天津与河北这三个地区的发展与联系比较紧密，这三个地区的商品价格指数较相似，偏差不大，但是山西与这三个地区的相关度不高，导致山西省的商品价格指数与其偏离较大，进而造成了商品市场一体化水平的偏差。

2016 年之后，一体化水平持续上升。2014 年，习近平总书记就京津冀协同发展问题发表了重要讲话，强调将京津冀协同发展上升为国家战略。2015 年，《京津冀协同发展规划纲要》正式通过中共中央政治局审议，并且提出了京津冀协同发展的三个阶段性目标。一系列政策措施的落地与实施进一步加强了京津冀一体化的协同与高效发展。在这个发展规划中，山西也承担着重要的功能。京津冀协同发展战略明确提出了要重点加强与周边地区的合作，支持蒙晋冀毗邻地区（乌兰察布 - 大同 - 张家口）合作区建设。山西作为内陆地区，通过对接国家"一带一路"建设，扩大与相关地区交流合作，抓住与京津冀协同发展契机，充分发挥山西比较优势，提升在全国区域战略布局中的地位和作用，拓展新的发展空间，培育开放新优势，形成全方位开放和区域合作新格局。

四 "城市对"之间商品市场一体化比较

下面对山西与北京、天津、河北分别构成的"城市对"之间的一体化程度进行分析，从而更好地发现山西与京津冀之间一体化水平的发展状况。2003 ~ 2019 年"城市对"的市场分割指数如表3 - 4、图3 - 2 所示。

表 3－4　2003～2019 年"城市对"商品市场分割指数

年份	北京－山西	天津－山西	河北－山西
2003	0.69024042	0.50463108	0.55811393
2004	0.89372308	0.40447601	0.50591030
2005	0.42455113	0.18921296	0.29893014
2006	0.14336750	0.06651734	0.29403485
2007	0.11059186	0.17748839	0.16470020
2008	0.19088983	0.29217156	0.42280706
2009	0.09900200	0.16261012	0.10971369
2010	0.31987890	0.24223678	0.32638874
2011	0.09472087	0.18792017	0.39771367
2012	0.21045258	0.22229765	0.21365180
2013	0.07500977	0.08986263	0.04350071
2014	0.14678600	0.14640519	0.19223303
2015	0.14329871	0.19048420	0.13127771
2016	0.18330058	0.20473267	0.15002175
2017	0.10014666	0.08799382	0.10625514
2018	0.05934568	0.07128273	0.06699968
2019	0.08407764	0.11023413	0.09276206
均值	0.23349313	0.19709161	0.23970673

注：①商品市场分割指数越小代表该地区的商品市场一体化程度越高，为了让数据更加直观，将所有的商品市场一体化指数乘以 1000；②最后一行的均值为各年市场分割指数的简单算术平均。

资料来源：根据 2004～2020 年《中国统计年鉴》中四个地区的商品零售价格分类指数整理而得。

从上文可知，2003～2019 年各"城市对"商品市场分割指数在（0，1）区间震荡，北京－山西、天津－山西、河北－山西最高的商品市场分割指数出现在 2003 年和 2004 年，其中北京－山西的市场分割指数最高，说明这时的市场一体化发展情况较差。北京－

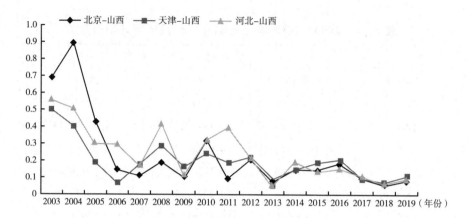

图 3－2　　2003～2019 年 "城市对" 商品市场分割指数

山西的市场分割指数在 2018 年达到最低值，天津－山西在 2006 年的市场分割指数最低，河北－山西的市场分割指数在 2013 年达到最低值。

从图 3－2 中可以看出，"城市对" 之间的一体化发展可以分为两个阶段。第一阶段为 2003～2011 年，在这一阶段，北京与山西、天津与山西、河北与山西之间的相对价格方差在 2004 年、2008 年以及 2011 年均呈现明显的震荡趋势，相对价格的方差收敛表现得并不明显。第二阶段为 2012 年之后，三个区域的相对价格方差走势基本一致并且市场分割指数呈现波动下降趋势，这说明 "城市对" 之间14 种商品的价格指数走向比较相似，商品统一大市场发展良好。

因此，在 2012 年之前山西与北京、天津、河北之间的商品统一大市场发展状态并不稳定；到了 2012 年，"城市对" 的相对价格方差出现长期收敛趋势，市场分割指数变动表现为平稳中下降，说明市场分割趋势在减少，并且变动走势几乎趋于一致，说明区域的一体化程度稳步发展，正在向着商品统一大市场方向前进。

五　不同商品种类间一体化比较

在分析了山西与京津冀地区商品市场的整体变化趋势以及"城市对"之间的一体化程度之后，下面分析不同商品种类在一体化程度上的差异，从而发现在促进商品市场一体化的过程中破除贸易壁垒的主要方向。对不同商品种类的相对价格方差进行比较，结果如表3-5、图3-3所示。

表3-5　2003~2019年"城市对"不同商品种类市场分割指数

商品种类	北京－山西	天津－山西	河北－山西
粮食	0.06151188	0.09120930	0.01883262
菜	0.34030914	0.19548346	0.15418662
干鲜瓜果	0.18060283	0.15931825	0.54707886
饮料烟酒	0.01370476	0.04371449	0.02278761
服装鞋帽	0.19529068	0.22043976	0.19467516
纺织品	0.11307722	0.11595498	0.09694790
家用电器及音像器材	0.04550071	0.07646176	0.04388775
文化办公用品	0.05418707	0.08738710	0.15546191
日用品	0.02148220	0.01803466	0.02968100
交通、通信用品	0.08100568	0.07555575	0.12446765
化妆品	0.01923516	0.02494651	0.05879099
中西药品及医疗保健用品	0.13705578	0.05800109	0.12758968
书报杂志及电子出版物	0.05623683	0.02185295	0.02609103
燃料	0.06815004	0.07635285	0.30358622

注：①商品市场分割指数越小代表该地区的商品市场一体化程度越高，为了让数据更加直观，将所有的商品市场一体化指数乘以1000；②最后一行的均值为各类商品市场分割指数的简单算术平均。

资料来源：根据2004~2020年《中国统计年鉴》中四个地区的商品零售价格分类指数整理而得。

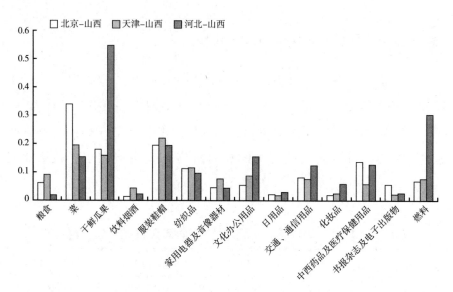

图 3 - 3　2003 ~ 2019 年"城市对"不同商品种类市场分割指数

从图 3 - 3 中我们可以发现，山西与京津冀地区的商品市场分割程度较低，即区域一体化程度较高的商品种类包括日用品市场、化妆品市场以及饮料烟酒市场等。而一体化程度较低的市场是蔬菜市场、干鲜瓜果市场以及服装鞋帽市场等，可以反映出在这些商品种类上地方保护主义的程度可能比较高，加强对这几类商品市场的一体化建设，是一体化发展过程中应该重点解决的问题。

从省与省之间的横向比较来看，山西对河北在干鲜瓜果和燃料行业上的贸易壁垒比较高，这反映了，由于两省都属于全国重要的工业基地和粮食产地，因此产业结构比较相似，在这两种商品中相似产品较多。为了保障本省商品的优势地位，它们在这些产品上构建了贸易壁垒，阻碍了商品的自由流动，从而造成价格差异较大。而山西与北京、天津在燃料类商品上的分割程度较低，反映了山西作为典型的资源型省份长期以来产业结构单一，煤、焦、冶、电等传统产业独大，因此山西长期以来外输的产品多集中于能源领域，通过提供能源产品而获取贸易利益，这种被动顺应反而会增加本省经济结构调整的难度，加剧资源诅咒带来的不利影响。

为了验证上述测算的商品市场一体化程度的结果是否稳健，将四省市 17 年的相对价格方差分为去均值前的数据和去均值后的数据并分别进行单位根检验，以期检验该面板数据的平稳性。本书使用了 LLC 检验、HT 检验、IPS 检验、ADF 检验和 PP 检验 5 种检验方法，以全面考察结果的稳健性。

借助 Stata 15.1，我们得到的检验结果如表 3 - 6、表 3 - 7 所示。根据检验结果，我们可以知道，在这 5 种方法下皆在 1% 的显著水平下拒绝了含有单位根的原假设，接受面板数据序列为稳定序列的备择假设。因此，相对价格的方差是一个平稳的随机过程，即商品市场一体化指数的面板序列并不是一个随机过程，经济圈的商品市场一体化进程是稳定且逐渐收敛的。

表 3 - 6　未去均值面板数据单位根检验结果

检验方法	带截距	带截距和趋势	无截距、无趋势
LLC 检验	- 7.6747 (0.0000)	- 7.8567 (0.0000)	- 6.5965 (0.0000)
HT 检验	- 13.8527 (0.0000)	- 8.6042 (0.0000)	- 25.1205 (0.0000)
IPS 检验	- 5.1922 (0.0000)	- 5.7396 (0.0000)	#
ADF-Fisher 检验	- 6.7735 (0.0000)	#	#
PP-Fisher 检验	- 9.0980 (0.0000)	#	#

注：数字为检验统计量值（t 值或 z 值），括号中数字为 p 值。

表 3 − 7　去均值后面板数据单位根检验结果

检验方法	带截距	带截距和趋势	无截距、无趋势
LLC 检验	− 5. 2621 （0. 0000）	− 4. 7268 （0. 0000）	− 7. 2869 （0. 0000）
HT 检验	− 10. 2982 （0. 0000）	− 5. 7500 （0. 0000）	− 21. 7006 （0. 0000）
IPS 检验	− 4. 1192 （0. 0000）	− 4. 3379 （0. 0000）	#
ADF-Fisher 检验	− 6. 7137 （0. 0000）	#	#
PP-Fisher 检验	− 6. 6163 （0. 0000）	#	#

注：数字为检验统计量值（t 值或 z 值），括号中数字为 p 值。

　　本书在构建相对价格变动指标体系的基础上，对山西与京津冀地区进行商品市场一体化的评价分析。评价商品市场一体化的发展水平，以零售价格指数的环比波动分析为基础评价区域商品市场一体化的发展现状。以其 17 年的数据为研究对象，得出如下研究结论。

　　总体上，山西与京津冀地区商品市场一体化进程在稳步推进。不论是在省级层面还是在区域层面，市场分割指数总体呈下降趋势，市场一体化发展趋势向好，表现为波动上升趋势，说明山西与京津冀地区的经济联系越来越紧密。

　　但从长期来看，存在一体化程度的发展还不够稳定、许多年份波动幅度大的问题，还需进一步改善。另外，通过对区域间不同商品种类的一体化程度分析，可以发现省份之间在个别商品种类的市场分割程度比较大，这可能是因为各地实行的地方保护主义政策阻碍了经济一体化发展，在未来为推进山西融入京津冀经济圈，也为了经济的协调发展，需注重打破地区封锁，消除阻碍商品自由有序流动的各种制度性障碍，逐步建立起统一的各主体公平竞争的大市场。而另一些商品市场一体化程度较高的领域，如能源类商品，则表明了山西的传统产业独大，导致山西被动捆绑于京津冀地区，在未来山西应该避免陷入比较优势陷阱，不能将自身的发展捆绑在别人身上，更不能为了短期的利益而牺牲长远的发展，应该更加注重协同、借势发展，寻求新的区域合作方式。

第四节　小结

一　加快转变政府职能

阻碍山西与京津冀地区商品市场一体化的主要因素在于地区间的贸易壁垒，而贸易壁垒是由多方面的历史和现实原因导致的。其中地方政府的行为在促进地方经济和社会发展、促进区域一体化进程中发挥着重要作用，但多数情况下政府为了保证本地区的经济发展，往往会扶持本地企业，同时针对外来商品制定贸易壁垒，使外来商品无法冲击本地市场，从而达到保持本地商品优势地位的目的。由于贸易壁垒的存在，商品无法呈现价值规律反映的自然流动，商品市场的分割使商品成为地方政府获取地方财政收益的工具。

市场经济是以市场为主要资源配置方式的经济形式，应该着重发挥市场在资源配置中的基础作用，地方政府的贸易保护倾向扭曲了市场经济规律。政府的作用应该是在市场失灵时对经济进行有效调节，要实现区域间的一体化发展就必须清晰地划分政府在经济行为中的作用，改变目前的政府职能存在越位的情况，建设服务型的政府，使政府成为公平有效的市场竞争规则的制定者。转变地方政府职能的关键在于建立有效的政绩评价机制，将促进区域间的协调发展作为考察地方政府的政绩因素，使地方政府建立起区域整合开发的观念，减少地方政府为提高自身财政收入或提高政绩而采取地方保护措施的情况，从而促进区域一体化发展。

二 积极承接产业转移

京津冀协同发展战略实施的一个内在要求是对北京的非首都功能进行疏解，以一般制造业为代表的劳动密集型产业向西部省份转移。该转移过程会打破区域间的行政壁垒，引起区域内及区城间的产业重组、分工深化，进而实现京津冀地区产业布局由"大而全"向"专而精"的历史跨越，由此引起的产业错位发展也将使区域间经济联系更加紧密、要素流动更加科学、经济发展更加协调。积极承接北京所疏解的非首都功能产业是山西经济结构转型升级过程中的重要时代机遇，山西应该充分发挥自身的比较优势，通过京津冀产业的转移承接，深度融入京津冀一体化发展战略。一方面，要继续发挥自身优势，推动产业转型升级；另一方面，在政策上要有意识地向所承接产业倾斜，降低其转移成本，使其快速融入当地发展。

山西可以引进科技成果，提高自主创新能力，通过自身技术水平提高来支撑转入产业的发展。通过技术、人才的引进及企业的对接合作，加强区域间生产技术的互联互通，在交流中提高本省的技术水平。还可以通过政府加大财政支持、增加科研经费等方式来激励公共单位、私人主体提高自主创新能力。

三 深化与京津冀地区产业合作

实现区域商品市场一体化的重点在于对区域内资源的合理利用，区域内资源自由流动可以使资源配置效率提高，从而增强区域发展的关联性，深化区域内的合作开发。山西要抓住北京非首都功能疏解产业转移的难得机遇，着力优化经济结构和空间结构，深化产业协同发展。

在农业产品方面，要推进现代农业优化发展，建设京津冀地区重要的"菜篮子"生产基地。大力开发功能食品，推进晋北地区鲜活农产品、特色小杂粮进入京津冀市场，搭建产销合作平台。在物流领域，推进物流业一体化、规模化、专业化、网络化发展，建设京津冀向西区域物流中心。加快推进物流通道建设，推动物流业多种运输方式协调发展，进一步增强物流节点经营能力，扩展物流产业链条。加快区域物流一体化进程，统筹规划布局全省物流中心，合理布局物流配送中心，着力完善物流配送网络，实现区域内产品低成本畅通运输。

山西省还应积极推进区域产业协同化、高端化进程，建设与京津冀区域发展相配套的商品交易平台、服务平台等。探索省市间贸易来往的收益分配和利益补偿机制，促进区域经济一体化协调发展；还可以出台关于合作规范、生态环境联防共治方面的法律条文来规范省市间的分工并提高合作效率。区域一体化产业合作协调机制的建立应该是多方面、多层次的，只有真正建立各方面的相互协调机制，在合作中寻求共同发展，才能真正推进山西与京津冀地区一体化进程。

四　加强基础设施互联互通

基础设施建设情况对商品市场一体化的发展也具有显著的正向影响，交通和物流设施是商品流通的基础，决定了商品流通的速度。国家"十四五"规划纲要提出，要实施城市更新行动。所谓城市更新，主要是指在城镇化发展接近成熟期时，通过维护整建拆除、完善公共资源等合理的"新陈代谢"方式，对城市空间资源重新调整配置，使之更好满足人的期望需求、更好适应经济社会发展实际。因此，政府应该加大对山西接壤京津冀地区城市的基础设施建设投资力度，遵循客观经济规律和空间结构演化规律，完善区域政策体系，优化重大基础设施和公共资源的布局，推动跨区域公路、高铁等基础设施的有效衔接和畅通，促进各类商品合理流动。

山西要融入京津冀经济圈，应该将交通建设的重点放在增强省际沟通能力、加大对山西轨道交通基础设施建设的支持上，从全局着眼构建覆盖山西与京津冀地区的交通网络。在公路和铁路建设方面应该做到网格形式与辐射形式相结合，对重点开发区域要做到有针对性地开发，既要完善内部的交通网络，也要着眼于跨区域的交通运输干线，从而为山西的商品要素流动提供基础设施上的支持。轨道交通技术的发展对于减小山西封闭的地理环境的负面影响有着重大意义。通过将国有资本投入轨道交通设施建设，可以弥补民间投资与地方投资的欠缺领域，使山西与周边省份的互联互通水平更加平衡、更加充分，山西市场规模化与内外要素流通便利化也得到进一步发展。全面提升山西在运输方面对京津冀地区的承载能力和辐射带动力，助力山西更快更好地融入京津冀经济圈。

第四章
晋－京津冀生产一体化发展

自 20 世纪开始，经济全球化呈现新的发展态势——区域一体化，越来越多的国家或地区认识到，要在当今世界经济的竞争中处于优势地位，形成区域一体化必不可少。对于一国内部而言，要加强各个地区之间的合作同时建立一体化区域，从而发挥整体区域的优势与竞争力。

区域经济一体化过程中必然会发生区域之间的产业聚集与产业融合，生产要素在区域之间得以有效配置，进而促进生产的一体化。改革开放以来，市场机制逐步完善，资源配置效率不断提升，生产要素为寻求更高的配置效率而跨区域流动，产业转移作为要素区际流动的载体，不仅能有效配置转出地和承接地的资源，拓展就业和发展新空间，也能推动跨区域产业集聚和产业结构升级，促进区域一体化，为经济高质量发展注入新动力。2020 年党的十九届五中全会通过《中共中央关于制定国民经济和社会发展第十四个五年规划和二〇三五年远景目标的建议》，强调要"加快构建以国内大循环为主体、国内国际双循环相互促进的新发展格局"。双循环新发展格局更加强调国内市场，主张深化供给侧结构性改革，扩大内需，推动我国开放型经济向更高层次发展。区域经济发展演化的核心实际上是区域空间结构的优化，而政府执行区域协调发展战略、实现空间结构优化的重要抓手则是要素自由流动，政府应为更好地促进区域生产一体化、实现经济协同高效发展提供政策基础。

京津冀城市圈是我国区域一体化发展的代表之一，经过多年的协同发展，京津冀地区已经成为我国人口集聚最多、发展潜力最大、综合实力最强的三大区域之一，在我国社会经济发展中占有重要地位。作为北方地区最大的经济圈，京津冀经济圈以北京和天津为中心，以河北省为主要核心腹地，辐射带动环渤海地区及山西、内蒙古、辽宁等省份，是国家发展规划中的重要区域，该经济圈处于北方地区的中心位置，内有全国经济、文化和政治中心的首都北京市和经济发达的天津市，工业密集、产业结构丰富、人口和城市密集，发展潜力巨大。然而，作为资源和文化大省的山西省，在过去的经济发展中过于依赖煤炭经济，导致在新一轮产能和经济调整中经济发展动力不足，经济增长排名全国倒数。在京津冀协同发展和北京市非首都功能疏解外移的大背景下，如何利用好自身发展优势，积极承接产业转移并融入京津冀经济圈和环渤海经济区的发展浪潮，成为山西省破解发展难题、实现经济结构转型发展的重要课题。

第一节　相关理论发展

关于京津冀协调发展的研究如下。周桂荣和任子英（2017）指出以产业链为基础构建的区域分工体系是京津冀产业协同发展的核心。孙彦明（2017）认为京津冀产业协同发展需要促进分工同链。刘怡等（2017）对京津冀地区产业差异进行分析，发现京津冀地区在产业链上的关联性较低，优质生产要素向京津集聚加大了区域协调发展难度。宋之杰和唐晓莉（2019）研究发现，河北省信息制造业通过向上关联的方式带动相关产业发展，信息服务业则通过向下关联的方式促进产业发展。石娟等（2018）从政府对产业发展规划的沟通协调、产业内部（企业间）利益协调、相关的产业标准等维度对京津冀地区产业协同发展进行了模型构建，指出京津冀协同发展应重视合作。张亚鹏（2018）指出产业弱关联性、地方本位主义、要素缺位是京津冀地区产业协同发展面临重大挑战的根源，并从中央、地方和社会组织三个角度提出促进产业协同发展的建议。刘李佳和王浩宇（2018）运用投入产出模型分析京津冀地区细分产业关联情况，发现北京与天津高端产业关联性强，河北工业的空间溢出效应弱。李雪和金琦（2019）利用京津冀面板数据研究发现北京、天津金融发展有利于产业结构调整，河北省金融发展未对产业结构调整产生显著影响。张欣蕾等（2019）从京津冀一体化的背景出发对河北省产业结构和消费结构的关联性进行分析，发现二者的动态变化具有一致性，消费结构升级有助于带动产业结构升级。张晗和舒丹（2019）认为目前京津冀地区产业同构较为严重，经济规模、对外开放程度等因素对河北省产业承接能力具有重要影响。

第二节　晋－京津冀区域生产一体化分析

一　方法介绍

HP 滤波法是由 Hodrick 和 Prescott 于 1980 年在分析美国战后经济时提出的。这种方法被广泛应用于对宏观经济趋势的分析研究。HP 滤波法是一种时间序列在状态空间中的分析方法，相当于对波动方差的极小化。HP 滤波可以看作一个近似的高通滤波器（High-Pass Filter），其理论基础是时间序列的谱分析方法。谱分析方法把时间序列看作不同频率成分的叠加，时间序列的 High-Pass 滤波就是要从这些不同频率成分中分离出频率较高的成分，去掉频率较低的成分，也即去掉长期的趋势项，而对短期的随机波动项进行度量。

HP 滤波可以表述为如下公式。

假设经济时间序列为 $Y = \{y_1, y_2, \cdots, y_n\}$，趋势要素为 $G = \{g_1, g_2, \cdots, g_n\}$，其中，$n$ 为样本的容量。因此，HP 滤波可以将 y（$t = 1, 2, \cdots, n$）分解为

$$y_t = g_t + c_t \qquad\qquad (4-1)$$

其中，g_t 和 c_t 均为不可观测值。

一般的，时间序列 Y 中不可观测部分趋势 G 常被定义为如下式子中最小化问题的解，即

$$\min\left\{\sum_{t=1}^{n}(y_t - g_t)^2 + \lambda\sum_{t=1}^{n}\left[B(L)g_t^2\right]\right\} \qquad (4-2)$$

其中，$B(L)$ 为延迟算子多项式，$B(L) = (L^{-1} - 1)(1 - L)$，将其代入上式可得

$$\min\left\{\sum_{t=1}^{n}(y_t - g_t)^2 + \lambda\sum_{t=1}^{n}\left[(g_{t+1} - g_t) - (g_t - g_{t-1})^2\right]\right\} \quad (4-3)$$

式中，$\sum_{t=1}^{n}(y_t - g_t)^2$ 表示对波动成分的度量，而 $\lambda\sum_{t=1}^{n}[(g_{t+1} - g_t) - (g_t - g_{t-1})^2]$ 表示对趋势成分"平滑程度"的度量；λ 为平滑指数，按期限长短划分，λ 分别为 100（年度数据）、1600（季度数据）和 14400（月度数据）。

二 晋－京津冀区域生产一体化基础

改革开放以来，我国经济保持着较快速度的增长。我国 31 个省份 1978～2018 年以 1978 年为基期的为期 40 年的实际 GDP 增长率如表 4 - 1 所示，并且以 10 年为一个周期分别计算在该段时间内地区的经济增长率。从表中可以看出，我国各地区的经济自 1978 年以后均保持着相对快速、健康、可持续的增长。北京、天津、河北、山西四地在四个时间段内的平均实际 GDP 增长率均达到了 100% 以上，即每

10 年实际 GDP 翻一番。北京、天津、河北、山西平均每 10 年实际
GDP 分别增长 142.8%、165.3%、156.1% 和 139.2%，天津经济发
展成果更为显著，在 1999～2008 年实际 GDP 增长率高达 229.8%，
由此可见我国改革开放 40 年的发展成果。

表 4－1　1978～2018 年 31 个省份经济增长情况

地区	1978～1988 年	1989～1998 年	1999～2008 年	2009～2018 年	均值
北　京	1.599	1.418	1.766	0.928	1.428
天　津	1.276	1.573	2.298	1.466	1.653
河　北	1.364	1.956	1.626	1.296	1.561
山　西	1.338	1.299	1.855	1.076	1.392
内蒙古	1.774	1.376	3.042	1.013	1.801
辽　宁	1.456	1.103	1.751	1.161	1.368
吉　林	1.768	1.256	1.805	0.779	1.402
黑龙江	0.957	1.010	1.513	1.071	1.138
上　海	1.222	1.690	1.773	0.940	1.406
江　苏	2.263	2.208	2.022	0.967	1.865
浙　江	2.661	2.432	1.946	1.180	2.055
安　徽	1.684	1.586	1.573	1.105	1.487
福　建	2.187	2.675	1.724	1.418	2.001
江　西	1.537	1.346	1.697	1.408	1.497
山　东	1.855	2.108	2.005	1.381	1.837
河　南	1.882	1.628	1.759	1.165	1.608
湖　北	1.693	1.622	1.613	1.281	1.552
湖　南	1.266	1.327	1.626	1.396	1.404
广　东	2.526	2.680	2.015	1.320	2.135
广　西	1.061	1.817	1.640	1.118	1.409
海　南	1.700	2.031	1.543	1.299	1.643
重　庆	1.362	1.650	1.715	1.239	1.492
四　川	1.393	1.472	1.670	1.697	1.558
贵　州	1.643	1.040	1.567	1.366	1.404

续表

地区	1978～1988 年	1989～1998 年	1999～2008 年	2009～2018 年	均值
云　南	1.654	1.337	1.279	1.689	1.490
西　藏	1.070	1.561	1.784	1.463	1.470
陕　西	1.802	1.118	1.928	1.631	1.620
甘　肃	1.242	1.229	1.497	1.375	1.336
青　海	1.023	0.925	1.805	1.255	1.252
宁　夏	1.584	1.114	1.647	1.352	1.424
新　疆	1.932	1.468	1.413	1.208	1.505

　　地区之间的经济贸易合作同样会对经济发展产生重要影响，我国国内地区之间交流合作的重要程度不言而喻，在"国内国际双循环"新发展格局中提出以"国内大循环"为主体，强调以满足国内需求作为我国经济发展的出发点和落脚点，因此地区之间的经贸合作无疑会带动区域经济协调发展。对外贸易在过去的几十年对我国经济产生了极大的促进作用。自改革开放以及中国加入 WTO 以来，对外贸易对地区之间的经济发展发挥着愈加重要的作用，因此在此重点分析我国经济发展对对外贸易的依赖关系。下文中，出口依赖度为地区出口贸易额占当地名义 GDP 的比重，进口依赖度为地区进口贸易额占当地名义 GDP 的比重，对外开放程度为进出口贸易总额占当地名义 GDP 的比重，用这三个指标考察地区经济发展的对外贸易情况。

　　如表 4 - 2 所示，我国对外贸易总体上呈现两极分化的局面，东部沿海城市与中西部地区对外开放程度差异相对较大，如广东、上海两地 2017 年进出口总额分别占本地区 GDP 总额的 112.885%、118.720%，两地进出口贸易总额甚至超过地区 GDP 总额，而中西部地区如青海、甘肃两省，对外开放程度分别仅为 1.555% 和 5.754%，地理位置与发展水平限制了当地与国外的经贸合作。总体而言，北京、天津、河北三地的对外开放程度相对较高，分别为 32.766%、

57.000%和22.705%，山西的对外开放程度相对较低。山西的主要贸易产品为煤炭资源，而煤炭资源主要供应于周边省份，因此其对外贸易程度相对较低。从进出口依赖度来看，北京与天津两市进口依赖度高于出口依赖度，而山西与河北两地的出口依赖度则大于进口依赖度。通过以上分析可以看出，对外贸易对晋-京津冀地区经济波动产生重要影响，尤其是北京与天津两地，与其他国家的对外经济往来对其影响效果更为明显。

表4-2 2017年31个省份对外贸易进出口统计

单位：%

地区	出口依赖度	进口依赖度	对外开放程度
北 京	7.140	25.626	32.766
天 津	19.989	37.010	57.000
河 北	12.180	10.525	22.705
山 西	8.519	4.253	12.771
内蒙古	2.931	5.087	8.018
辽 宁	18.867	24.089	42.955
吉 林	3.199	8.831	12.031
黑龙江	2.890	6.262	9.153
上 海	46.234	72.486	118.720
江 苏	40.771	28.408	69.179
浙 江	50.842	15.899	66.740
安 徽	10.720	7.482	18.203
福 建	27.784	18.316	46.100
江 西	11.865	5.784	17.649
山 东	20.127	20.340	40.467
河 南	10.873	6.770	17.643
湖 北	7.644	4.527	12.171
湖 南	4.740	3.307	8.047

续表

地区	出口依赖度	进口依赖度	对外开放程度
广 东	68.570	44.315	112.885
广 西	7.074	18.733	25.808
海 南	8.581	18.685	27.266
重 庆	18.034	8.926	26.961
四 川	8.828	7.895	16.723
贵 州	3.980	1.896	5.876
云 南	5.623	6.815	12.438
陕 西	10.789	7.582	18.371
甘 肃	1.950	3.802	5.754
青 海	0.974	0.581	1.555
宁 夏	7.310	4.531	11.845
新 疆	14.444	12.568	27.012

通过以上对晋 - 京津冀生产一体化现状的分析可以发现，不仅是四个地区的经济交流，与其他省份和其他国家的经济贸易往来，同样会影响地区之间的经济协调发展和生产一体化水平，下面从这三个方面对晋 - 京津冀生产一体化水平进行测度分析。

三 晋 - 京津冀区域生产一体化测度

本书主要以地区间的经济周期协同性来分析考察晋 - 京津冀生产一体化程度。经济周期协同性通常以两个地区之间实际经济活动的相关性来测度，相关系数越大，两个地区之间的经济周期协同性越高，即生产一体化程度越高。

（一）数据情况和技术处理

地区间的生产相关性通常采用实际 GDP 增长率进行评估。采用的数据为 1978 ~ 2018 年我国各地区的实际 GDP 增长率。相关数据主要来源于历年《中国城市统计年鉴》、地区统计年鉴以及中经网数据库。

为消除时间趋势的影响，本书根据 Hodrick 和 Prescott（1997）提出的 HP 滤波法，从实际 GDP 增长率中分离出长期趋势部分和周期波动趋势部分，以周期波动趋势部分表示该地区经济波动的周期性。

（二）各地区经济周期协同性分析

1. 晋－京津冀地区经济协同性分析

对北京、天津、河北、山西四地历年实际 GDP 增长率采用 HP 滤波法进行分离趋势项，并以实际 GDP 增长率周期性波动项代表地区间经济波动的协同性。如图 4－1 所示，1979～2018 年，北京、天津、河北、山西经济周期协同性总体上呈现波动性增强的趋势。首先在前期各地区经济周期波动协同性发展趋势波动相对剧烈，尤其在1980～1985 年更为明显，在 1984 年前后各地区经济周期波动协同性达到峰值，甚至天津与山西两地均超过 0.1。在该段时间，由于我国处于改革开放初期，各地区的市场性经济行为不高，地区之间交易行为相对欠缺，因此在该段时间上述四地经济协同性相对较低。2001 年以后，随着我国加入 WTO，市场化进程不断加快，各地区交易日益频繁。随着时间的推移我国各地区的经济协同性不断增强。北京、天津、河北、山西四地的周期性经济波动协同性总体上处于－0.05～0.05，波动幅度相对较小，协同性趋势日益增强。当然也有特殊年份，例如 2008～2009 年，受世界次贷危机及山西省煤炭价格"断崖式"下跌影响，山西与京津冀经济周期协同性呈现短暂的回落现象；在 2014 年前后，中央明确提出"京津冀协同发展"战略，京津冀一体化发展步入快车道，同时山西也积极融入京津冀一体化发展，四地经济发展协同性不断增强。因此，从时间上来讲，北京、天津、河北、山西经济周期协同性呈现波动性增强的趋势；同时也可以看出，从地域角度来讲，北京、天津、河北三地经济发展协同性相对较高，而山西周期性经济发展协同性波动相对剧烈，仍需不断发掘自身优势产业，加大产业转型力度，积极融入京津冀一体化发展进程。

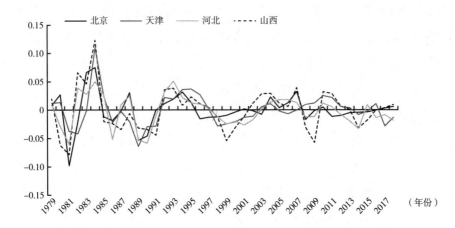

图 4－1 1979～2018 年四地经济周期波动协同性发展趋势

通过对 1979～2018 年北京、天津、河北、山西经济周期波动协同性发展数据求相关系数，可以得到四地经济波动相关系数表，具体见表 4－3。可以看出，北京、天津、河北、山西四地总体上经济发展相对密切，经济波动相关系数相对较高。其中北京与天津的经济波动相关系数最高，约为 0.61。北京与天津首先就地理位置来讲相对靠近，同时经济发展模式与产业结构也相近，均趋向于发展高端信息服务业，因此两地经济合作相对密切，经济波动相关系数较高；而河北与山西经济波动相关系数最高，约为 0.62。山西作为我国资源大省，其煤炭产业和钢铁产业发展基础雄厚，而河北作为京津冀一体化发展相对薄弱的一环，其优势产业同样为钢铁产业，尤其以河北唐山最为明显。因此相似的产业结构为河北与山西的经济合作交流奠定了基础，其相关系数也相对较高。而对于山西来讲，雄厚的煤炭资源储备和工业基础为其融入京津冀一体化发展提供了"桥梁"与"纽带"，不仅可以为周边地区输送煤炭和电力资源，同时也可以有效承接北京与天津地区的产业转移，有效提升本地区经济发展的质量。通过分析北京、天津、河北、山西经济波动相关系数，可以看出四地经济交流相对密切，经济波动相关系数差异较小，由此也可以看出山西积极融入京津冀一体化发展的合理性。而四地与我国其他省份的经济交流如何？北京与天津作为我国东部沿海地区，与其他相关国家经济交流如何？下文测算北京、天津、河北、山西与我国其他省份、与世界其他国家的经济波动相关系数，以进一步分析四地的生产一体化发展情况。

表 4 - 3　四地经济波动相关系数

地区	北京	天津	河北	山西
北京	1			
天津	0.607914	1		
河北	0.583439	0.516549	1	
山西	0.59726	0.558916	0.62245	1

2. 晋－京津冀地区与其他省份经济协同性分析

表 4 - 4 为我国 31 个省份经济波动相关系数表。从表中可以看出，地区之间的经济交流合作呈现一定的区域特征。经济波动相关系数显示，与北京经济波动相关系数较高的前 5 个地区分别为辽宁（0.71）、山东（0.68）、天津（0.61）、山西（0.60）、河北（0.58），可以看出上述 5 个地区均位于我国北方且与北京地理位置相近，而与南方发达省份例如广东（0.30）、海南（0.05）、江苏（0.40）等经济交流相对较低。同时也可以看出，与北京经济波动系数相对较高的省份大部分为经济发达省份，而欠发达省份由于经济发展、基础设施等差距与北京的经济波动系数相对较低，例如西藏（0.04）。就天津而言，与其经济密切相关的地区有湖北（0.65）、浙江（0.62）、北京（0.61）、辽宁（0.58）、山西（0.56）。与北京不同的是，与天津

经济发展密切相关的许多地区距离天津市相对较远，例如湖北与浙江两地。针对这一现象合理的解释为产业结构相近，首先对于天津而言，其优势产业主要集中在电子信息、汽车、冶金、化工等领域。而浙江作为我国经济发达省份之一，其各相关产业发展迅速，例如义乌的"小商品市场"、杭州的"互联网产业"和"电子信息产业"，上述产业均在我国位于领先水平。而湖北近些年同样将"电子信息产业""汽车产业"等列为未来重点布局产业。产业结构相似与互补同样可以推动地区之间的经济交流。对于河北来讲，与其经济发展密切相关的地区包括山东（0.76）、辽宁（0.73）、山西（0.62）、浙江（0.62）、北京（0.58）。对于河北来讲，其优势产业为钢铁产业，而山西煤炭、铝矿等能源充足，能为其发展提供充足的原材料，辽宁为老牌工业发达地区，工业基础雄厚，因此河北与辽宁、山西两省经济波动系数相对较高。对于山西来讲，与其经济波动密切相关的地区有河北（0.62）、贵州（0.61）、北京（0.60）、天津（0.56）、湖北（0.52），可以看出，与山西经济波动密切相关的地区大部分为产业结构相关的地区，例如湖北、河北、贵州等，而上述地区大部分为经济亟待发展的地区，而与经济发达的地区如浙江（0.35）、上海（0.39）、广东（0.14）经济波动相关系数相对较低。原因在于山西经济发展很难摆脱"资源的诅咒"，与各地区的经贸往来依赖资源的对外输出，而煤炭的"一家独大"极大地扼制了山西省其他产业的发展，也同样限制了山西经济的可持续发展。通过以上分析可以看出，对于北京、天津、河北、山西中任一地区而言，其经济波动相关系数前五的地区大体上包括其他三个地区，由此可见四地区域协同发展的合理性。同样也可以看出，北京、天津、河北之间贸易往来更为密切，而对于山西省来讲，想要融入京津冀一体化发展，就必须不断转型，摆脱对资源的依赖，多元合理发展，增强区域之间的贸易交流合作。

表 4 – 4　31 个省份经济波动相关系数

地区	北京	天津	河北	山西
北　京	1.00	0.61	0.58	0.60
天　津	0.61	1.00	0.52	0.56
河　北	0.58	0.52	1.00	0.62
山　西	0.60	0.56	0.62	1.00
内蒙古	0.18	0.31	0.28	0.49
辽　宁	0.71	0.58	0.73	0.43
吉　林	0.49	0.34	0.32	0.33
黑龙江	0.29	0.30	0.30	0.20
上　海	0.46	0.51	0.61	0.39
江　苏	0.40	0.42	0.38	0.42
浙　江	0.48	0.62	0.62	0.35
安　徽	0.11	0.53	0.15	0.46
福　建	0.24	0.54	0.38	0.13
江　西	0.31	0.51	0.57	0.51
山　东	0.68	0.52	0.76	0.48
河　南	0.54	0.40	0.39	0.24
湖　北	0.33	0.65	0.37	0.52
湖　南	0.27	0.38	0.39	0.30
广　东	0.30	0.26	0.51	0.14
广　西	0.11	0.25	0.15	0.18
海　南	0.05	0.11	0.36	0.32
重　庆	0.36	0.52	0.10	0.47
四　川	0.46	0.56	0.79	0.47
贵　州	0.41	0.41	0.30	0.61
云　南	0.21	0.27	0.54	0.29
西　藏	0.04	0.49	0.05	0.08
陕　西	0.42	0.38	0.46	0.34
甘　肃	0.51	0.26	0.39	0.35
青　海	0.43	0.33	0.22	0.28
宁　夏	0.48	0.49	0.60	0.44
新　疆	0.35	0.41	0.20	0.41

3. 晋－京津冀地区与其他国家经济协同性分析

下面进一步测算北京、天津、河北、山西四地与世界主要国家经济波动的相关系数，具体如表4－5所示。从表中可以看出，与北京经济波动相关度较高的国家主要包括阿根廷（0.353）、巴西（0.299）、美国（0.256）、新西兰（0.237）、加拿大（0.228）和英国（0.225），上述国家距离我国相对较远，经济波动相关系数相对较低，而我国周边国家如日本（－0.012）、韩国（0.174）和印度（0.075）与北京的经济波动相关系数则更小，甚至日本与北京的经济波动相关系数为负；而天津与北京相近，与其经济波动相关性较强的国家为巴西（0.353）、新西兰（0.257）、阿根廷（0.239）、美国（0.256）、加拿大（0.245），由此可见北京与天津类似，同样与上述国家经济联系密切。对于河北来讲，与其经济波动密切相关的国家包括阿根廷（0.440）、英国（0.237）、新加坡（0.199）、土耳其（0.189）、巴西（0.175）；山西与河北类似，与其经济波动密切相关的国家为阿根廷（0.391）、新西兰（0.336）、英国（0.334）、土耳其（0.371）、美国（0.316）、新加坡（0.232），河北与山西的优势产业同样为第二产业，产业基础类似，因此与其对外贸易联系密切相关的国家也同样类似，由此可见产业基础对对外贸易的重要影响。通过以上分析可知，北京、天津、河北、山西与阿根廷经济联系密切，与美国的贸易联系也同样密切，但相较国外，四地与国内相关地区经济交流更密切。2020年，我国在新的历史条件下提出"国内国际双循环"的发展战略，主张要逐步形成以国内大循环为主体、国内国际双循环相互促进的新发展格局，着眼于国内消费，加强国内各地区之间的经贸交流，同时兼顾国外经贸发展，才可以推动晋－京津冀实现更高质量、更有效率、更加公平、更可持续、更为安全的发展，推动区域高效协同发展。

表 4－5 四地与世界主要国家经济波动相关系数

地区/国家	北京	天津	河北	山西
北　京	1.000	0.608	0.669	0.597
天　津	0.608	1.000	0.590	0.559
河　北	0.669	0.590	1.000	0.739
山　西	0.597	0.559	0.739	1.000
日　本	－0.012	－0.029	0.027	0.190
韩　国	0.174	0.038	0.090	0.195
德　国	0.067	－0.104	－0.138	0.077
法　国	－0.020	－0.297	－0.122	0.071
英　国	0.225	－0.008	0.237	0.334
印　度	0.075	－0.027	0.012	－0.091
美　国	0.256	0.256	0.156	0.316
沙　特	－0.178	－0.072	－0.399	－0.277
埃　及	0.092	0.108	0.076	0.081
巴　西	0.299	0.353	0.175	0.172
新西兰	0.237	0.257	0.163	0.336
新加坡	0.167	0.093	0.199	0.232
土耳其	－0.050	0.131	0.189	0.371
加拿大	0.228	0.245	0.070	0.123
以色列	0.000	－0.004	0.014	－0.024
阿根廷	0.353	0.239	0.440	0.391
墨西哥	－0.237	－0.026	－0.123	－0.135
澳大利亚	－0.166	0.056	－0.051	0.012

　　通过分析北京、天津、河北、山西四地及其与其他省份、其他国家之间的生产一体化水平，可以发现四地的一体化程度在不断提升，尤其是在 2014 年以后，北京、天津、河北、山西周期性经济波动协同性明显增强。同时，山西与河北两地的经济周期协同性更强，而北京与天津两地的经济周期协同性更强；山东和辽宁两地与北京、天津、河北、山西四地的生产相关性更高；阿根廷、新西兰、新加坡和

美国与北京、天津、河北、山西的经济协同性更强。出现上述情况主要与距离远近和产业结构两方面因素有关。总之，尽管北京、天津、河北与山西的生产协同性趋于增强，但仍需进一步加强合作，不断消除区域间的壁垒，尤其是山西省和京津冀地区之间的壁垒，提高区域间的生产一体化程度。

第三节　晋－京津冀生产一体化与经济增长

在分析了晋－京津冀生产一体化水平之后，我们进一步分析生产一体化与经济发展之间的关系。通常认为，生产一体化即生产要素的最优配置要达到区域协调发展目的。优化生产要素流动方式、协调生产要素供给与需求关系以促进生产要素的自由流动是促进区域生产一体化、推动经济增长的重要途径，如何建立更加完善的区域要素市场流动机制，对于我国新形势下的经济高质量发展具有重要的战略意义。下面我们具体分析生产要素——劳动、资本和技术的变动是如何影响区域间经济增长的。

当前我国存在要素自由流动受限、要素供需匹配失衡的问题，解决这一问题的根本途径就是各区域协调发展。各地区的资源禀赋不同、贸易条件不同，只有合理协调好各区域的要素需求和利益分配，才能从根本上优化要素自由流动，才能切实提高各区域经济协同发展水平，并逐步减少地区发展不平衡现象。根据要素禀赋理论，生产要素在不同地区的数量和质量等均存在巨大的差异，也正是这种要素禀赋差异构成了生产要素跨区域流动的客观基础。生产要素流出区域由于要素保有量减少而提高了要素收益率，并使人均收入增加。总体而言，要素流动带来了资源配置效率的提高，从而达到拉动经济增长的目的。一般认为，土地、自然资源及地理区位在空间上是不可变化的，流动的生产要素主要包括劳动力、资本和技术等。

一 劳动力流动与经济增长

在两区域经济模型中，劳动力从 A 区域流入 B 区域，使 B 区域的潜在劳动力增加，同时 A 区域的劳动力减少。基于新古典增长模型的分析，其结果是 A 地区劳动力要素的供给水平大大降低，劳动力供给减少将提高 A 地区整体工资水平；B 地区劳动力要素的大量流入使劳动力供给增多，工资水平下降，劳动力要素成本的下降将有利于劳动密集型企业扩大再生产，加速企业转型升级。张辽（2013）的研究结果表明，劳动力要素的流动对于不同经济发展水平的区域均具有增长效应，但存在差异，经济发展水平低的区域其劳动力流动对经济增长的影响较弱，发达地区则与之相反。但其研究是将生产要素流动建立在产业转移的框架内，存在一定的局限性，现实情况中生产要素流动并不仅仅与产业转移相关，地理区位、地域文化、公共服务水平、政府政策等因素同样会对劳动力流动产生重大的影响，因此劳动力流动对区域经济发展具体产生了何种效果还需进一步研究。

二 资本流动与经济增长

同劳动力要素流动一样，资本要素流动同样会对流入地与流出地产生影响，但不同于劳动力要素需要考虑复杂的社会环境问题，资本要素以追求更高的投资回报率即资本收益率为唯一目标。一般而言，资本的流动大多是发达地区的过剩资本流入欠发达地区的初级产业，并且成熟资本往往代表了先进的管理技术，其结果往往提高了欠发达地区的生产效率，从而有助于提升该地区处于价值链低端产业的企业竞争能力。对于发达地区而言，过剩资本的抽离会提高本地区资本的边际报酬，同时由对外资本输出带来的利润回报会拉动本地区的消费与生产，进而促进经济增长。但是如果欠发达地区的资本流入量超过了其经济发展阶段，资本的投入效率也将有可能迎来拐点，此时资本数量的提升反而会降低资本的边际回报。此外，资本的大量进入也间接抬高了其他生产要素的价格，反而不利于地区经济的稳定增长，我国东西部地区就面临这样的情况。因此，对这一问题的深入研究还将在某种程度上给予我国西部大开发战略一定的启示。

三　技术流动与经济增长

随着科学技术的进步和生产力水平的提升，技术在促进经济发展过程中发挥的作用越来越大。与劳动力与资本要素相比，技术进步对区域经济发展的作用有着本质上的区别。上文的分析表明，劳动力和资本要素在转移的过程中会因为要素存量的减少而产生一定程度的负面影响，一个单位的劳动力和资本要素在同一时间只能投入一个区域使用，而技术要素则不受此限制，并且其流出不会导致流出区域的要素保有量发生变化，在短期内也不会产生对经济的负面影响。相反，由技术的转让和扩散所带来的收入效应还会对流出地经济发展产生积极影响。对技术要素流入地而言，通过技术进步使企业生产函数发生变化，使同样的产量可以用更少的生产要素生产出来，从而促进经济增长。对各国经济增长的经验分析同样表明，区域经济发展的潜力也越来越多地取决于其拥有和运用新技术的能力。

总体而言，生产要素作为社会生产的源头和基础，促进其自由流动是优化资源配置、促进经济发展的重要方式。作为经济发展最重要的基础之一，生产要素市场在现实条件下往往不能得到充分健康发展，各地方政府为了实现各自的经济和社会目标，一般通过私下干预或实施一定的宏观经济政策来调控区域要素流动，此时区域要素流动的合理性就建立在这种调控是否有效的基础上。而要想建立更加合理而完善的生产要素市场和生产要素流动机制，就应该从创新区域经济体制、协调区域要素资源分配、提高国内市场一体化水平等方面共同施力，因地制宜。

第四节　模型构建与变量说明

一　模型构建

由以上分析我们可以认为生产要素流动能在相当程度上促进地区经济增长，但这一过程也存在很多不确定性，通过区域一体化往往能更好地解决这个问题。为考察并验证这诸多判断，还需要进一步的实证研究。基于此，初步设定以下基本模型。

$$eco_{it} = \alpha_0 + \alpha_1 lab_{it} + \alpha_2 cap_{it} + \alpha_3 tec_{it} + X_{control} + \varepsilon_{it} \qquad (4-4)$$

$$eco_{it} = \alpha_0 + \alpha_1 lab_{it} + \alpha_2 cap_{it} + \alpha_3 tec_{it} + \alpha_4 lab_{it}^2 \\ + \alpha_5 cap_{it}^2 + \alpha_6 tec_{it}^2 + X_{control} + \varepsilon_{it} \qquad (4-5)$$

式（4-4）为研究基本模型，式（4-5）中依次引入了3个主要解释变量的二次项。其中，eco 表示经济增长速度，lab 表示劳动力流动率，cap 表示资本流动率，tec 表示技术流动率；lab^2、cap^2、tec^2 分别为上述3个解释变量的平方项；控制变量 X 包括产业结构水平（str）、对外开放程度（ex）、基础设施发展水平（inf）。α_0 为常数项，ε_{it} 为随机误差项，i 为地区，t 为时间。

二　变量选取及说明

（一）被解释变量

经济增长速度（eco）。衡量经济增长与发展的指标一般有两个，分别为 GDP 增长率和人均 GDP 增长率。在对要素流动相关问题的研究中，通常采用经济总量作为被解释变量，考察要素流动对其产生的作用效果。本书采取这一做法，以实际 GDP 增长率来表示地区经济增长速度，各地区实际 GDP 以 1978 年为基期。

（二）主要解释变量

劳动力流动率（*lab*）。一个地区劳动力数量的变动一般由劳动力的自然变动和机械变动两个部分组成。依据张辽（2016）的做法，在每个地区人口总变动中剔除自然增长因素带来的人口变动，以人口的机械变动表示地区劳动力要素的净流动规模，从而真实体现劳动力的跨区域流动状况。具体做法为

$$lab_{it} = L_{it}/L_{i(t-1)} - k_{it} \qquad (4-6)$$

其中 L_{it} 表示 i 地区 t 时期年末人口数，k 表示人口自然增长率。

资本流动率（*cap*）。国内外学者对资本要素流动规模的测度提出了很多方法，庞志强（2008）以投资状况来衡量省际贸易的发展状况，但仅用投资来衡量资本流动存在一定的不全面性。因此采用李小平和陈勇（2007）的方法，用资本形成总额的相对变动情况来度量省际资本的相对流动。具体做法为

$$cap_{it} = I_{it}/\sum_{i=1}^{4} I_{it} - I_{i(t-1)}/\sum_{i=1}^{4} I_{i(t-i)} \qquad (4-7)$$

其中，I_{it} 表示 i 地区 t 时期资本形成总额。

技术流动率（*tec*）。衡量技术的流动情况，一般可从技术或专利市场入手，结合 Keller 和 Yeaple（2009）的观点，认为技术流动的过程可以间接地表现为专利的发展过程，因此以专利申请授权量的增长率来表示地区间技术流动程度。

产业结构水平（*str*）。随着中国城镇化进程的推进，第三产业逐渐成为我国国民经济发展的重心，成为促进中国地区经济增长的重要动力之一。使用各地区第三产业产值占地区生产总值的比重来表示产业结构水平，该比重越高则说明服务业所占比重越大，产业结构水平越高。

对外开放程度（*ex*）。自中国加入 WTO 以来，对外经济贸易在

地区经济发展中发挥着越来越重要的作用，借鉴主流经济学研究的做法，我们使用地区年度进出口总额占 GDP 的比重来衡量对外开放程度，预期其符号为正。

基础设施发展水平（inf）。基础设施发展水平是地区产业和经济发展的最基本要素，对市场交易成本、企业生存环境等产生重要的影响。使用每万平方公里的公路里程数来表示一个地区的基础设施发展水平。

模型主要指标如表 4 – 6 所示。

表 4 – 6　模型主要指标

指标	代表符号	量化方法	单位
经济增长速度	eco	地区实际 GDP 增长率	%
劳动力流动率	lab	地区人口的总变动剔除因自然增长带来的人口变动	%
资本流动率	cap	地区资本形成总额的相对变动情况	%
技术流动率	tec	地区专利授权量的增长率变化情况	%
产业结构水平	str	地区第三产业占 GDP 的比重	%
对外开放程度	ex	地区进出口总额占 GDP 比重	%
基础设施发展水平	inf	地区每万平方公里的公路里程数	公里/万平方公里

相关指标数据的描述性统计如表 4 – 7 所示。

表 4 – 7　相关指标数据的描述性统计

指标	代表符号	极大值	极小值	均值	标准差
经济增长速度	eco	0.1640	0.0310	0.1225	0.0300
劳动力流动率	lab	1.0318	0.9375	1.0280	0.0288
资本流动率	cap	0.0170	0.0087	0.0144	0.0019
技术流动率	tec	0.4966	0.0042	0.4743	0.1529

续表

指标	代表符号	极大值	极小值	均值	标准差
产业结构水平	*str*	0.8964	0.3460	0.6053	0.1770
对外开放程度	*ex*	1.4633	0.1277	1.0851	0.3722
基础设施发展水平	*inf*	1.4005	0.8175	1.2629	0.2182

三　数据来源及分析

下面使用北京、天津、河北、山西 4 地 × 8 年 × 7 个指标共 224 个数据构成的面板数据进行分析。数据来源于《中国统计年鉴》（2010～2018 年）、《中国城市统计年鉴》（2010～2018 年）以及地方统计年鉴（2010～2018 年），部分缺失数据采用线性插值法加以弥补。使用的软件为 Stata 15.0，同时用 R 语言、Excel 做相关数据处理。

（一）回归结果分析

基于上文的基本模型设计，我们采用软件 Stata 15.0 将相关变量数据进行回归拟合分析，得到的具体回归结果如表 4－8 所示。

表 4－8　实证分析回归结果

变量	模型一	模型二	模型三	模型四	模型五	模型六
lab	0.3042 ** (1.98)	－ 17.5284 * （－1.96）	0.3839 * (1.77)	0.3839 * (1.77)	0.4219 * (1.95)	0.3012 (1.22)
cap	4.2796 * (1.88)	－ 57.8360 *** （－2.86）	0.6456 ** (2.09)	0.6456 ** (2.09)	0.5705 * (1.81)	－ 59.0985 *** （－3.24）
tec	0.0673 ** (2.14)	0.0404 *** (0.39)	0.0466 (1.46)	0.0466 (1.46)	0.0331 (1.30)	0.0315 (1.33)
str			0.0533 (1.35)	0.0533 (1.35)	0.0708 * (1.90)	0.0454 (1.24)

续表

变量	模型一	模型二	模型三	模型四	模型五	模型六
ex			0.0561*** (3.02)	0.0561*** (3.02)	0.0675*** (3.68)	0.0649*** (3.86)
inf			-0.1116*** (-2.73)	-0.1116*** (-2.73)	-0.1373*** (-3.63)	-0.1265*** (-3.32)
lab^2		8.9985* (1.70)				
cap^2		2405.2380*** (3.10)				2102.1480*** (3.15)
tec^2		0.0368 (0.20)				
_cons	-0.2891** (-2.10)	8.9316* (1.75)	-0.2422 (-1.27)	-0.2422 (-1.27)	-0.2637 (-1.38)	0.2123 (0.87)
年份	固定	固定	固定			固定
地区					固定	
N	32	32	32	32	32	32

注：括号内为 t 值，＊＊＊、＊＊、＊分别表示在 1%、5%、10% 的水平下显著。

在模型一中我们引入 3 个主要解释变量——劳动力流动率（lab）、资本流动率（cap）和技术流动率（tec）来对经济增长速度（eco）进行拟合。根据相关回归结果，劳动力流动率、资本流动率与技术流动率分别在 5%、10% 和 5% 的显著性水平下通过检验，且均与经济增长速度呈现正相关关系，劳动力流动率、资本流动率和技术流动率每增加 1 个单位，地区经济增长速度分别增加 30.42 个、427.96 个和 6.763 个单位，由此可见，劳动、资本、技术三种要素的流动可以带动京津冀与山西地区间经济的发展，尤其是资本对经济发展的拉动作用更为显著。三种要素中技术对经济发展的拉动作用相对较小，一方面晋 - 京津冀地区大部分产业结构为资本导向型和资源导向型产业，技术导向型产业发展环节相对薄弱，因此技术发展对地区经济发展促进作用相对较小；另一方面由于相关基础设施、教育等领域的差异，河北和山西两地就技术方面而言仍与北京和天津两地存在较大差距，技术流动条件尚不成熟，导致地区之间技术交流与技术合作不足，限制了地区经济的高质量发展。

模型二在模型一基础上引入 3 个主要解释变量的二次项，通过比较上述两个模型的回归结果可以看出，在引入二次项以后，劳动力流动率和资本流动率尽管在不同的显著性水平下通过检验，但两者对经济增长速度由原来的正向促进作用变为现在的反向抑制作用，且抑制作用相对较大，劳动力流动率和资本流动率每增加 1 个单位，经济增长速度反而分别下降 1752.84 个和 5783.60 个单位。出现这一情况的潜在原因可能有以下两个方面。一方面，劳动力流动不均衡阻碍地区经济发展。我国大部分劳动力由经济欠发达地区流向经济发达地区，即在晋－京津冀地区中，劳动力由山西和河北向北京和天津转移，大量劳动力流动为经济发达地区与经济欠发达地区带来了如下影响：对于经济发达地区而言，大量低廉劳动力涌入会造成发达地区人口突破城市环境承载力极限，造成城市拥挤，导致城市运营成本增加，给城市经济发展带来消极影响；而对于欠发达地区而言，劳动力的大量流出会导致地区劳动力不足，加重欠发达地区经济发展成本，阻碍地区经济发展。而资本会随着劳动力的迁移而流动，因此劳动力流动的不均衡也带来了资本流动的不均衡问题。另一方面，对于京津冀与山西而言，北京和天津属于经济发达地区，而山西和河北两地相对而言属于经济欠发达地区，而河北和山西两地无论是地域面积还是人口均远远大于北京和天津两地，同时又因为劳动力和资本要素是由经济欠发达地区流向经济发达地区的，因此北京和天津两地狭小的地域面积很难承受河北和山西两地大规模的要素流入，因此会在短时间内对经济发展产生负面影响。同时我们也可以看出，对于 3 个主要解释变量的二次项而言，三者均与地区经济增长速度呈正相关关系，但仅有资本要素的二次项在 1% 的显著性水平下通过检验，其余两项均未通过检验。由此我们可以看出，在进行区域生产一体化合作过程中，要根据市场需求对地区资源要素进行合理配置，促进区域资源均衡调配，促进区域生产一体化高质量发展。

模型三至模型五在模型一的基础上加入另外 3 个控制变量——地区产业结构水平（str）、对外开放程度（ex）和地区基础设施发展水平（inf），同时在进行回归过程中加入不同时间固定项和地区固定项。通过分析这三个模型可以看出，对于三大主要解释变量而言，在加入控制变量以后，仅有劳动力流动率和资本流动率两个因素在不同显著性水平下通过检验，而技术流动率在三个模型中均未通过检验，表现为非显著的正向促进作用，原因可能是北京、天津、河北、山西之间的技术交流与技术合作并未满足经济发展的要求，四地产业结构以资源导向型和资本导向型产业为主，技术导向型产业发展尚处于发展阶段，有待进一步发展。从 3 个控制变量方面加以考虑，对外开放程度和基础设施发展水平均在 1% 的显著性水平下通过检验，而产业结构水平在模型三和模型四中并未通过检验，原因可能与山西和河北的煤炭、钢铁产业相关。同时，地区基础设施发展水平与经济增长速度呈现显著的负相关关系，这一结论与实际情况不相符。针对这一数据情况，我们认为原因有如下两个：一是地区基础设施发展投资金额巨大、投资周期长而投资回报见效相对较慢，地区由于投资大量资金进行公路等基础设施建设，相对而言阻碍了其他产业发展而暂时对地区经济发展不利；二是由于北京、天津两地航空、水路运输发达，公路里程数并不能很好地代表地区的基础设施发展水平。

对于模型六而言，我们引入三大主要解释变量和相关控制变量，同时由于资本流动率的二次项对经济发展具有非常显著的促进作用，我们将其引入，可以得到如下回归结果：技术流动率在 1% 的显著性水平下通过检验，且技术流动率对经济发展有显著的抑制作用；技术流动率和产业结构水平两个因素对地区经济发展呈现非显著的正向促进作用，晋－京津冀应当加强地区之间的技术交流与技术合作，加快推动地区之间产业转型，促进生产一体化更高效率、更高质量的发展。对外开放程度和资本流动率的二次项两个因素对地区经济发展有显著的正向促进作用，而资本流动率的二次项尤为明显，资本流动率的二次项每增加 1 个单位，经济增长速度变动2102.1480 个单位，可见资本对于经济增长速度的拉动作用。同时，基础设施发展水平由于自身投资周期长等特点暂时与地区经济发展呈现负相关关系。

因此，生产要素流动与经济发展呈现密切相关关系，劳动力、资本和技术的有效配置、优化生产要素流动方式、协调生产要素供给与需求关系是促进经济高质量发展的重要途径。通过分析北京、天津、河北、山西四地劳动力流动率、资本流动率和技术流动率与经济增长速度之间的关系，发现总体上劳动力、资本、技术三要素可以有效促进经济的发展，资本流动率的二次项同样会对经济发展产生明显的促进作用。但劳动力和资本的非均衡配置同样会抑制区域经济的发展；技术要素由于现阶段技术导向型产业发展相对弱小以及北京、天津、河北和山西科技发展不均衡，因此暂时对经济发展呈现非显著的促进作用。而产业结构水平、对外开放程度和基础设施发展水平对经济发展的影响同样十分显著。

（二）模型适用性检验

为了验证使用随机效应模型的合理性，分别采用 F 检验和Hausman 检验两种方法。具体的检验结果如表 4－9 和表 4－10 所示。

根据表 4－9，我们可以看出劳动力流动率、资本流动率、产业结构水平、对外开放程度和基础设施发展水平五个要素均在不同显著性水平下通过检验，仅技术流动率对经济增长速度呈现非显著的正向促进作用，调整的可决系数为 0.6779，总体拟合效果良好，可见随机效应模型相比混合 OLS 模型更为适用。

表 4 - 9　F 检验回归结果

变量	Coef	Std. Err	t	p
lab	0.4219 *	0.2159	1.95	0.062
cap	0.5705 *	0.3145	1.81	0.082
tec	0.0331	0.0253	1.30	0.204
str	0.0708 *	0.0372	1.90	0.069
ex	0.0675 ***	0.0184	3.68	0.001
inf	- 0.1372 ***	0.0378	- 3.63	0.001
_cons	- 0.2634 **	0.1912	- 2.38	0.0181
R²	0.7402			
Adj R²	0.6779			
Prob > F	0.0000			

注：＊＊＊、＊＊、＊分别表示在 1%、5%、10% 的水平下显著。

由表 4 - 10 可知，总体 p 值为 0.8855，显然接受原假设，认为随机效应拟合相较固定效应模型而言更为合理。综合以上两种检验方法可知，使用随机效应模型是科学合理的。

表 4 - 10　Hausman 检验回归结果

变量	fe	re	Difference	S. E.
lab	0.2809	0.4219	- 0.1411	0.2728
cap	0.5306	0.5705	- 0.0399	0.1049
tec	0.0282	0.0331	- 0.0048	0.0165
str	0.0398	0.0708	- 0.0309	0.0241
ex	0.0637	0.0675	- 0.0038	0.0285
inf	- 0.2027	- 0.1372	- 0.0655	0.1045
chi2(6)	2.34			
Prob > chi2	0.8855			

（三）稳健性检验

为了验证模型设计的稳健性，下面采取替换变量的方法加以说明。具体采用 2010 ~ 2017 年北京、天津、河北、山西四地名义 GDP 增长率替换实际 GDP 增长率，具体结果如表 4 - 11 所示。其中，模型一和模型三中使用实际 GDP 增长率，而模型二和模型四中使用替换后的名义 GDP 增长率，从表中可以看出，替换后各解释变量与被解释变量的相关性和显著性与替换前总体上是一致的，个别变量呈现非一致情况也同样与上文回归结果和实际情况相符合，因此，该模型的构建是稳健且科学合理的。

表 4 - 11　稳健性检验回归结果

变量	模型一	模型二	模型三	模型四
lab	0. 3042 **	- 0. 3301 **	0. 3839 *	1. 6191 **
	(1. 98)	(- 1. 98)	(1. 77)	(2. 32)
cap	4. 2796 *	5. 3478 **	0. 6456 **	- 17. 9906 **
	(1. 88)	(2. 16)	(2. 09)	(- 2. 10)
tec	0. 0673 **	0. 0939 **	0. 0466	0. 0568
	(2. 14)	(2. 40)	(1. 46)	(0. 78)
str			0. 0533	0. 0471
			(1. 35)	(1. 43)
ex			0. 0561 ***	0. 1585 *
			(3. 02)	(1. 74)
inf			- 0. 1116 ***	- 0. 2431 **
			(- 2. 73)	(- 2. 00)
$\_cons$	- 0. 2891 ***	0. 3042 *	- 0. 2422	- 1. 1214 **
	(- 2. 10)	(1. 94)	(- 1. 27)	(- 2. 15)
N	32	32	32	32

注：括号内为 t 值，＊＊＊、＊＊、＊分别表示在 1%、5%、10% 的水平下显著。

第五节 小结

一 实证结论

（一）晋－京津冀经济周期协同性

北京、天津、河北、山西经济周期协同性呈现不断增强的趋势，尤其在 2014 年之后，北京、天津、河北与山西周期性经济波动协同性明显趋于增强。山西与河北两地的经济周期协同性更强，而北京与天津两地的经济周期协同性更强；山东和辽宁两地与北京、天津、河北、山西四地的生产相关性更高；阿根廷、新西兰、新加坡和美国与北京、天津、河北、山西的经济协同性更强。出现上述情况主要与距离远近和产业结构两方面因素有关。北京、天津、河北、山西四地与其他省份的经济周期协同性始终远远高于与其他国家的经济协同性，可见国内需求和"国内大循环"对于我国经济高质量发展的重要性。总之，尽管北京、天津、河北与山西的生产协同性趋于增强，但仍需进一步加强合作，不断消除区域间的壁垒，尤其是山西省和京津冀地区之间的壁垒，提高区域间的生产一体化程度。

（二）晋－京津冀生产一体化与经济发展

生产要素流动与经济发展呈现密切的相关关系，劳动力、资本和技术的有效配置，优化生产要素流动方式，协调生产要素供给与需求是促进经济高质量发展的重要途径。通过分析北京、天津、河北、山西四地劳动力流动率、资本流动率和技术流动率与经济增长速度之间的关系，发现劳动力、资本、技术三要素可以有效促进经济的发展，资本流动率的二次项同样会对经济发展产生明显的促进作用。但劳动力和资本的非均衡配置同样会抑制区域经济的发展；由于现阶段技术导向型产业发展相对弱小以及北京、天津、河北和山西科技发展不均衡，因此技术要素暂时对经济发展呈现非显著的促进作用。产业结构水平、对外开放程度和基础设施发展水平对经济发展的影响同样十分显著。

二　展望

从山西地理位置和发展实际情况来看，塑造高质量的区域经济协调发展格局，应牢牢抓住山西区位优势，明确其在全国区域经济发展格局中的位置和优势，在山西经济全面融入京津冀经济圈协调一体化发展的同时，着力推动晋－京津冀地区带动晋北、晋南、晋东南区域协调发展，以"内外兼修""承东启西"来引领全省区域经济协调发展迈上新台阶。

（一）以省际经济合作引领区域协调发展，深度对接京津冀协同发展

一是抓住疏解北京非首都功能这个"牛鼻子"，根据自身角色定位，主动承接高端装备制造、煤化工、钢铁等产业转移；二是抓住开展能源革命综合试点重大契机，发挥铁矿、煤炭、铝矿等资源禀赋优势，主动服务京津冀协同发展和雄安新区建设，以需求倒逼技术进步、产业升级；三是抓住山西连接东西的通道优势，构建京津冀区域连接西部地区的重要综合交通枢纽。

深化与京津冀城市群的经济合作。一是强化能源领域合作，发挥山西能源优势，重点发展晋东南地区无烟煤、煤层气等优质能源产业，推动煤电一体化发展，建设清洁安全高效能源基地；二是强化装备制造领域合作，抓住京津冀城市群重要的先进制造业基地的这一战略定位，深化合作，积极培育研发平台、生产平台、营销网络，打造晋东南地区高端装备制造基地；三是强化旅游领域合作，瞄准差异化市场，规划建设旅游精品线路，加大旅游宣传营销力度，广泛开展旅游推介活动。

（二）简化行政管理流程，建立跨区域行政协同机制

良好的行政管理环境是经济快速发展的重要保障。政府必须简化行政审批流程，为企业"松绑"，努力实现"一章审批"的行政管理模式，减少行政管理对企业运行的过多审批和干预。积极营造科学合理的行政环境，优化行政管理流程，做好企业发展的守护者，而不是充当"绊脚石"。区域经济协同发展不仅仅是经济领域的协同发展，行政管理也需要开展跨区域合作。因此，地方行政部门要转变思想，积极服务经济发展这一工作重心，创新行政管理工作方式，与周边省市建立行政管理协作机制，避免跨区域行政管理过程中的推诿扯皮，构建和谐的跨区域行政管理环境，保障区域经济协同发展。

（三）以综合交通枢纽建设引领交通空间结构优化

推动太原综合交通枢纽全面发展。发挥山西"承东启西"的通道优势，推动太原综合枢纽向立体化、高速化、综合化全面发展。一方面，以太原都市区为核心，加快推动中部盆地各城市交通同城化，完善"大"字形高速铁路管网建设，推动通用航空和太原第二机场建设；另一方面，推动综合物流枢纽、现代商贸和大型物流园区建设，降低运输成本，带动太原都市区枢纽经济高速发展。

着力强化大同综合交通枢纽地位。大同是晋冀蒙三省交界的区域中心城市。牢牢抓住这一特殊的区位优势，强化大同交通枢纽城市地位，不断增强大同的辐射力，充分发挥大同工业雄厚传统优势，引领晋北区域经济高质量发展。一方面，要加大交通空间谋划力度，积极布局高铁、高速公路、机场等多样化的交通线路，构建现代化立体综合交通网络；另一方面，牢牢抓住山西国家通用航空发展示范省的政策优势，依托大同航空运动学校等人才优势，大力发展通用航空、通航消费、通航旅游等新产业新业态。

打造若干次级综合交通枢纽。以大西高铁、太焦高铁等高速铁路为发展轴线，选择临汾、运城、长治、晋城等交通基础较好、潜力较

大的区域性中心城市，推进各城市间高速公路、高速铁路、货运铁路等交通网络建设，提升各城市综合交通承载力，提升山西向东、南和西南方向的开放水平。

（四）以产业协同创新体系建设、培育发展新动能、加强产业分工协作

不同于过去的能源密集型和劳动密集型经济发展模式，未来经济发展必须将科技创新作为内在动力，通过技术创新、管理创新占领市场竞争制高点，从而获得发展先机。因此，作为经济发展相对落后的山西省，激活科技创新的首要任务就是实施人才战略，人才要"引得进、留得住、培养得出"，减少高校院所科研人员的束缚，健全人才保障机制，使科研人员能够无后顾之忧地投入技术创新工作。要加强知识产权保护制度的建立并不断完善，建立科学的创新激励体系。只有人才政策优先，才能确保科技创新的活力，进而取得市场竞争优势，促进经济又好又快发展。

首先，推动产业合理布局。完善产业布局顶层设计，增强产业集聚能力，推动重点产业布局优化和统筹发展。其次，推动产业共建。瞄准现有优势产业和集群产业，消除壁垒、升级产业、延伸链条，建设一批传统能源、现代煤化工、先进装备制造、新材料、现代医药、信息技术等优势产业集群。再次，推动产业承接。通过加强与京津冀城市群对接，找准差异化方向，主动推动产业转移和落地。最后，构建区域创新共同体。一是发挥人才优势，利用太原－晋中高校密集、人才密集、知识密集优势，瞄准山西产业发展制高点，共建产业创新共同体，形成辐射中部盆地乃至全省的研发高地；二是激励成果转化，通过建立激励机制，推动科研成果跨区域转化，探索实现资金共同投入、技术共同转化、利益共同分享的体制机制。

（五）强化区域多元化对接合作

要进一步加强区域内的产业对接与经济合作，积极承接北京非首都功能的产业转移，在外迁产业和企业中引进可以与省内经济互补协

作的优质资源，同时积极引导省内企业与区域内其他相关产业链单位进行深度合作，实现生产要素跨区域、合理化流动。要加强区域经济之间的交流与合作，除与北京、天津等地区的产业对接之外，还要强化与其他地区的交流与合作，将山西省的经济发展与整个京津冀经济圈及环渤海经济区融合在一起。此外，省内经济发展不平衡问题需要引起足够重视，要引导晋南地区相对活跃的经济要素向欠发达的晋北地区流转，加大晋北地区招商引资力度，在大西高铁的带动下，实现贯穿全省南北的经济快速发展。

合作发展需要有大格局、长远目光和全球视野。尽管目前山西省没有直接纳入国家任何一个城市群或者经济带战略当中，但这也是一种发展机遇。山西省可以利用地理位置优势，向东与京津冀经济圈进行深度对接，向南与关中城市群、中原城市群等进行全面合作，向西积极融入国家"一带一路"倡议发展区域经济。协同发展不仅仅是区域内的协同，还要在全国、全球范围内寻求对接与合作，加大改革开放力度，激发省内经济发展活力，努力实现山西省经济转型跨越式发展。

第五章

晋－京津冀金融市场一体化发展

第一节　山西加入京津冀经济圈的可行性分析

党的十九大报告指出，支持资源型地区经济转型发展是实施区域协调发展战略的重要内容，而承接东部产业转移是推动东部与中西部地区协调发展、促进中西部资源型地区产业转型的重要途径。2017年出台的《国务院关于支持山西省进一步深化改革促进资源型经济转型发展的意见》明确提出，"加强与京津冀协同发展战略衔接，支持山西与京津冀地区建立合作机制，实现联动发展"。

经济圈是协调、互补、共赢、多赢的经济形态。随着经济和科技的发展以及经济全球化步伐的加快，区域经济一体化必将成为国家或地区间经济合作的主要方式。从世界范围来看，生产要素流动程度的日益提高使得像欧盟、北美自由贸易区、东盟自由贸易区等各种形式的区域经济一体化组织蓬勃发展；从国内来看，随着我国各地区对外开放程度的不断提高，珠江三角洲地区、长江三角洲地区等区域经济一体化程度不断加深，且已成为推动我国地区经济发展的重要力量。

山西加入京津冀经济圈可以使北京周边省份在资源配置、功能配套、产业发展、生态保护等诸多方面形成新的战略合作机遇。山西是以煤炭能源为主的产业结构较为单一的能源大省，与京津冀地区的经济结构有很大的互补性。

一　互补性

生产力的发展要求各种生产要素不断集聚和整合，但由于各地区的要素禀赋不同，其所拥有的要素种类、数量和质量与其他地区有很大区别，且很难满足生产力发展的需要，这就要求几个具有不同要素禀赋的地区进行协作，以互通有无、调剂余缺。例如，山西的煤电等资源是京津冀等地区得以稳定发展的有力保障，而京津冀等地区所拥有的资金、技术、人才优势是帮助山西摆脱"资源诅咒"困境、实现可持续发展的重要力量。

二　产业结构梯度

各国、各地区之间在技术上存在差异，决定了其产业也存在一定的梯度差，这种产业梯度的存在以及产业结构不断升级的需要，使产业结构有着在国家或地区间梯度转移的规律。一个地区内相对落后或不再具有比较优势的产业可以转移到其他地区，成为其他地区相对先进或具有比较优势的产业，从而提高自身的产业结构层次和水平，这种产业梯度转移对双方都有利，是产业转移方和被转移方"双赢"的良性转移。山西应抓住京津进行新一轮产业结构调整和向外转移部分产业的机会，主动参与京津的产业梯度转移，发展高新技术产业、改造传统产业，提高产业素质和产业层次，最终实现产业结构的整体优化。

三　集聚和扩散效应

一个区域经济发展初期，在价格杠杆的作用下，要素所有者为了降低交易成本并获得集聚效应，会将一定区域范围内的劳动力、资金、原材料等要素向某个交通便利、经济基础较好的城市或地点聚集，从而产生规模经济效益，形成经济发展的所谓极点或增长极。可以说，京津作为经济中心的发展在很大程度上得益于其在我国北方地区的集聚效应，京津的进一步发展也有赖于集聚效应的发挥。但当极点经济发展到一定程度时，极点区域的经济高度发展而使生产成本增高，随着其边际收益降低，要素将通过其产品、资金、人才、信息的向外流动，将其经济动力和创新成果传导到周围地区，促进周围地区的经济增长。例如，随着我国东南沿海地区经济的高速发展，其生产成本大幅提高，使外商投资开始向其他地区转移，这就是明显的扩散效应。北京、天津目前集聚效应和扩散效应同时存在。北京地区居高不下的房价使许多白领人才萌生了"逃离北上广"的想法，许多企业和投资者也因为成本高昂而纷纷向中西部地区转移，出台政策以合理利用其他发达地区的扩散资源对山西转型发展将大有裨益。

第二节　山西加入京津冀经济圈金融一体化程度测定及实证分析

一　金融一体化程度测定方法选择

测定地区间金融一体化程度的方法有很多种，以下三种是最为常用的方法：价格法、数量法和制度分析法。

（一）价格法

价格法是基于一价定律而发展起来的一种测量金融一体化的方法。它寻求各市场或经济体间资产价格的相等，并基于货币市场的利率平价理论和资本市场的资本资产定价模型开展研究。

（二）数量法

数量法通过检验国家间储蓄和投资的相关性，从一国的国际收支账户判断其金融市场国际化程度。基于这一思路，Feldstein 和 Horioka（1980）提出了用回归方程测量区域间金融一体化的方法，即 F-H 检验。

（三）制度分析法

制度分析法认为资本流动是金融市场一体化的前提，资本管制的程度可以间接反映资本的流动性。金融一体化的宏观测度方法主要就是关注资本流动的制度安排和资本流动现状。一般认为，在一个资本流动性比较强的地区，其金融开放程度也较高，金融一体化程度可以用金融开放程度间接表示。

综合来看，价格法、数量法和制度分析法测量金融一体化各有利弊。在数据使用上，价格法虽有较大优势，但因其基于一价定律而并不适用于考察国内城市群金融一体化；此外，价格法所选用的收益率是债券市场、股票市场、银行间市场等市场主体，因此该方法并不适用于考察一个国家内区域间的金融一体化。制度分析法需要使用的数据比较少，更多的是表明国家与国家之间的资本流动情况，而对于每个国家存在的差别是反映不出来的。因此，这种方法一般用来测定国际金融一体化程度，主要测量的是某个国家的金融开放度，不适用于国家内城市群测量。数量法可使用省级或市级数据考察城市群金融一体化，但是该方法的测量结果与实际情况可能相差很大，因此在使用该方法时应尽可能控制地区因素和其他影响储蓄投资相关性的渠道。所以，在测度区域金融一体化水平时数量法更为合适。

数量法当中的储蓄－投资模型，是一种目前学界广泛认可的测定金融一体化程度的方法。Feldstein 和 Horioka 在 1980 年提出了投资－储蓄相关性方法（F-H 检验）。该方法没有考虑储蓄变量和投资变量的内生性。因此，应该消除经济周期和财政政策的影响。改进的方法是有条件的储蓄－投资相关性法。这种方法认为储蓄是封闭金融市场的投资来源，因此在两国实现资本自由流动之前，储蓄与投资之间的相关性非常高。但是，如果两国实现了金融一体化和资本自由流动，那么投资就会在不同国家产生，进而导致国内储蓄和投资之间的相关性下降。因此，一个地区的储蓄和投资之间的相互关系可用于衡量国际资本的流动程度。

二　基于F-H模型的金融一体化水平评价

（一）F-H模型的原理

考虑到国内储蓄可以转化为投资，其中居民储蓄、企业储蓄和政府储蓄可以分别转化为居民直接投资、企业内部投资和政府公共投资，前两项投资可以直接投资于项目，政府公共投资可以通过财政政策投资于项目。另一种储蓄转换方式是通过金融市场的外部转型投资项目，最后通过金融市场引导储蓄投资项目。我国投资的主体路径主要是第二种方式。基于这样一种认识，更加说明了我国的储蓄与投资具有很高的相关性。储蓄投资转化路径见图5－1。

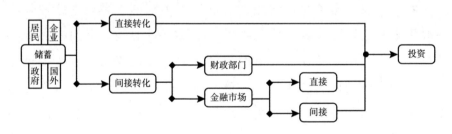

图5－1　储蓄投资转化路径

由此我们建立以下模型：

$$(I/Y)_{it} = \alpha + \beta(S/Y)_{it} + \varepsilon_{it} \qquad (5-1)$$

其中，Y代表区域i在时期t的生产总值，I是区域i在时期t的投资，S是区域i在时期t的储蓄；I/Y代表整个区域投资水平；S/Y代表区域储蓄水平；ε 则是误差项。公式（5－1）是指某区域 i 在时间段 t 中储蓄率与投资率的彼此关联度。其中，β 是该区域投资储蓄相关系数，即 F-H 系数。当 β 趋近 1 时，说明区域内储蓄都转化为了区域内投资，该区域储蓄与投资相关性较高，区域内各地区资本流动甚少，所以区域金融一体化程度最低；反之，当 β 趋向于 0 时，则说明该区域的储蓄与投资相关性很低，地区之间资本流动可以自由快速变化，金融一体化水平相对较高。因此，采用投资储蓄相关性模型来测度山西加入京津冀经济圈金融一体化水平。

考虑到中国信贷市场更为发达，储蓄和投资大多以金融机构存贷款形式存在，所以金融机构存贷款相关性实证分析也能够反映区域金融一体化水平。故选取了山西、北京、天津、河北四地各自的金融机构存款余额、贷款余额、各地区生产总值和地区财政支出数据。

此时，储蓄－投资模型公式变为

$$(L/Y)_{it} = \alpha + \beta(D/Y)_{it} + \varepsilon_{it} \qquad (5-2)$$

其中，L 代表区域 i 在时期 t 的金融机构贷款余额，D 是区域 i 在时期 t 的存款余额。

而 Iwamoto 和 van Wincoop（2000）在考虑到储蓄变量和投资变量存在内生性的问题后，提出剔除财政政策和经济周期因素的波动对模拟结果的影响，则 F-H 公式转化为

$$L_{it}^{*} = \beta_i + \beta_y y_{it} + \beta_f F_{it} + e_{it}^{L} \qquad (5-3)$$

$$D_{it}^{*} = \alpha_i + \alpha_y y_{it} + \alpha_f F_{it} + e_{it}^{D} \qquad (5-4)$$

$$F_{it} = 地方财政支出/GDP_{it} \qquad (5-5)$$

采用 HP 滤波法，y_{it} 表示 i 地区在 t 时期内受到的经济周期的约束；F_{it} 是指 i 地区在 t 时期内受到财政政策的约束，我们用地方财政

支出与地区国内生产总值的比值表示。在忽略财政政策和经济周期的影响后，我们得出了变化后的投资序列 e_{it}^L 以及储蓄序列 e_{it}^D，重新进行回归得

$$e_{it}^L = \alpha + \beta e_{it}^D + \varepsilon \qquad (5-6)$$

其中 β 为有条件的储蓄投资系数。

（二）模型数据的选取和数据的处理

1. 数据的选取

根据上文论述，分别选取山西、北京、天津、河北四地 2009～2018 年的数据用于研究。其中包括各地区的金融机构贷款余额、金融机构存款余额、各地区 GDP 及各地区财政支出的相关数据。以下实证分析中所使用的数据主要来源于 2009～2018 年山西、北京、天津、河北四地统计年鉴及《中国金融统计年鉴》。

2. 数据的处理

本节主要对山西、北京、天津、河北四地 2009～2018 年的面板数据进行实证分析。如果一个区域投资率与储蓄率的相关系数越小，那么就说明该区域的金融一体化程度越低，反之亦然。实证分析首先对数据进行预处理，将四地的金融机构存款余额以及贷款余额与相对应的地区生产总值进行比值计算，也就是 $(L/Y)_{it}$ 与 $(D/Y)_{it}$，以及财政支出与 GDP 的比值，即 F_{it}。

在储蓄－投资模型中将投资率设为因变量，把储蓄率设为自变量。面板数据单位根检验方法与普通单序列的单位根检验方法类似，但二者又不完全相同。面板数据考虑下面 AR（1）过程：

$$y_{it} = \alpha_i y_{it} + \beta_i X_{it} + \varepsilon_{it} \qquad (5-7)$$

其中，$i = 1, 2, \cdots, N$ 表示个体；$t = 1, 2, \cdots, T$ 表示时间；X_{it} 表示外生变量；随机误差项为 ε_{it}，满足相互独立同分布的假设。α_i 为自

回归系数，若系数绝对值小于 1，则 y_{it} 为平稳序列；若系数绝对值大于 1，则 y_{it} 为非平稳序列。

下面使用面板数据单位根检验中的 LLC 检验、IPS 检验、Fisher-ADF 检验和 Fisher-PP 检验，分别对 $(L/Y)_{it}$、$(D/Y)_{it}$、F_{it}、y_{it} 序列进行单位根检验，根据 Stata 软件操作结果汇总原序列单位根检验，结果如表 5 - 1 所示。从表 5 - 1 中可以看出，在 5% 的显著水平下，四个序列的单位根检验 p 值都小于 0.05，所以拒绝原非平稳的假设。

表 5 - 1　单位根检验结果

变量	LLC 值	IPS 值	Fisher-ADF 值	Fisher-PP 值	结论
L/Y	- 4.3045 (0.0000)	- 1.8171 (0.0346)	3.0195 (0.0013)	2.3713 (0.0089)	平稳
D/Y	- 2.4771 (0.0066)	- 1.7123 (0.0434)	3.9107 (0.0000)	2.5134 (0.0060)	平稳
F	- 6.6674 (0.0000)	- 3.7202 (0.0001)	4.2951 (0.0000)	4.1016 (0.0000)	平稳
y	- 7.9827 (0.0000)	- 6.0628 (0.0000)	5.5890 (0.0000)	3.9825 (0.0000)	平稳

3. 模型的选择

储蓄 - 投资模型涉及的是面板数据。通常情况下，在对面板数据模型选取时，可以选取三种方式，分别是混合效应回归模型、固定效应回归模型和随机效应回归模型。而到底选择使用哪种模型，要进行各种的检验才能最终确定。具体见图 5 - 2。用 Stata 软件进行上述检验，检验结果如表 5 - 2 所示。

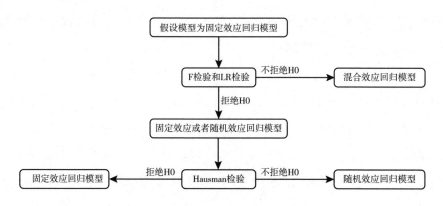

图 5 － 2　面板数据最优模型确定路径

表 5 － 2　F 检验和 LR 检验的结果

效应检验	统计量	5% 显著性水平对应的临界值
F 检验	9.7272	2.1479
LR 检验	68.1132	21.0260

　　由上述结果可知，两种检验的统计量大于 5% 显著性水平对应的临界值，故应拒绝原假设，认为应该采用固定效应或者随机效应回归模型好于混合效应回归模型。下一步需要用 Hausman 检验来确定固定效应回归模型和随机效应回归模型哪一种模型会更好，结果如表 5 － 3 所示。由表 5 － 3 可知，p 值大于 0.05，不拒绝原假设，故采用随机效应回归模型。

表 5 － 3　Hausman 检验结果

效应检验	统计量	p 值
Hausman 检验	4.2400	0.1200

（三）实证检验

1. 描述性统计

表 5 － 4 统计了山西、北京、天津、河北四地各自的数据以及四

地合计的数据。从表中可以发现，山西地区生产总值均值 11693.62
低于整个地区生产总值均值 18395.54；山西存款余额均值 25831.56
低于整个地区存款余额均值 47804.55；山西贷款余额均值 15925.31
低于整个地区贷款余额均值 27460.17；山西财政支出均值 2962.39 低
于整个地区财政支出均值 3746.02。这说明山西经济发展水平低于京
津冀经济圈。

表 5－4　描述性统计结果

项目		Y	D	L	F
山西	均值	11693.62	25831.56	15925.31	2962.39
	标准差	2480.88	6133.40	5660.16	833.38
	最小值	7147.61	15698.47	7814.74	1561.70
	最大值	15958.13	34987.58	25057.04	4283.91
北京	均值	22294.83	100107.70	44808.72	4710.60
	标准差	6529.06	33727.10	14251.00	1802.32
	最小值	12900.90	54275.50	25421.80	2319.37
	最大值	33106.00	150430.40	66766.98	7471.43
河北	均值	25181.07	42704.27	28260.19	4791.87
	标准差	6179.83	15011.46	11928.20	1713.12
	最小值	15306.90	22361.37	13123.80	2347.59
	最大值	34016.32	66245.21	48115.34	7726.21
天津	均值	14412.66	22574.63	20846.46	2519.21
	标准差	3924.90	5987.60	7306.98	873.97
	最小值	7618.20	13390.21	10513.44	1124.28
	最大值	18809.64	29601.43	32186.96	3699.00
总体	均值	18395.54	47804.55	27460.17	3746.02
	标准差	7410.45	36422.36	14902.49	1681.02
	最小值	7147.61	13390.21	7814.74	1124.28
	最大值	34016.32	150430.40	66766.98	7726.21

2. 无条件的储蓄－投资模型

为了更加直观地了解山西加入京津冀经济圈金融一体化程度的效果，先测算2009～2018年京津冀投资储蓄相关系数，再测算2009～2018年山西和京津冀的投资储蓄相关系数，进而比较两者的大小，结果如表5－5所示。京津冀的投资储蓄相关系数为0.3154，山西加入京津冀经济圈的投资储蓄相关系数为0.3457。储蓄投资相关系数越小表明金融一体化程度越高，因此山西加入京津冀经济圈的储蓄投资相关系数虽然表明金融一体化程度较高，但相比北京、天津、河北三地的金融一体化程度是降低了。

表5－5　无条件的储蓄－投资模型回归结果

	L/Y	Coef	Std. Err	z	p > |z|	95% Conf	Interval
山西和京津冀	D/Y	0.3457	0.0875	3.9500	0.0000	0.1741	0.5173
	cons	0.6042	0.2310	2.6200	0.0090	0.1514	1.0570
京津冀	D/Y	0.3154	0.0703	4.4900	0.0000	0.1776	0.4532
	cons	0.6937	0.2037	3.4100	0.0010	0.2946	1.0929

3. 稳健性检验

稳健性检验采用有条件的储蓄－投资模型。在F-H模型中有两个主要变量即投资和储蓄，许多因素都会对这两者产生影响，比如国家的宏观经济政策、经济周期，所以使用此模型进行分析存在一些内生性的缺陷，使其得到的结果不是很准确。为了避免这样的情况，就应当使用有条件的F-H模型。F_{it}是指i地区在t时间内财政政策对它的影响，因为不管在任何国家或地区以及任何时间，资源配置都会受到市场以及财政政策的影响。而且在我国，财政政策的影响力度甚至还超过市场对资源的配置力度，所以在进行储蓄－投资相关性模型构建时，要对财政政策影响加以重点考虑。有条件的储蓄－投资模型回归结果见表5－6。

由表 5－6 可知，京津冀的投资储蓄相关系数为 0.4025，山西加入京津冀经济圈的投资储蓄相关系数为 0.4198，表明山西加入京津冀经济圈金融一体化程度相比北京、天津、河北三地的金融一体化程度降低。因此，利用有条件的储蓄－投资模型得出的结论与无条件的储蓄－投资模型一致，结论稳健。

表 5－6　有条件的储蓄－投资模型回归结果

	e_{it}^{L}	Coef	Robust Std. Err	t	p > |t|	95% Conf	Interval
山西和京津冀	e_{it}^{D}	0.4198	0.0019	224.1000	0.0000	0.4160	0.4236
	cons	7390.3860	161.4950	45.7600	0.0000	7063.4570	7717.3160
京津冀	e_{it}^{D}	0.4025	0.0058	69.1500	0.0000	0.3906	0.4144
	cons	9116.4740	307.8076	29.6200	0.0000	8485.9580	9746.9890

第三节　制约金融一体化发展水平的因素分析

在对山西加入京津冀经济圈金融一体化的实证分析中，明显能看出山西在加入京津冀经济圈之后相比京津冀经济圈的金融一体化程度下降。本节将山西、北京、天津、河北的金融资源禀赋、金融联系程度、金融效率的帕累托效应改进以及金融发展梯度作为山西加入京津冀经济圈金融一体化的四个机制因子。

一　山西金融资源分布不均、规模不一致

表 5－7 对 2019 年山西、北京、天津、河北四地银行业的发展进行了对比。从银行业金融机构数量以及资产总额来看，北京的银行机构数 4560 家，占四地银行机构数的 17.2%，但资产总额占到 58.4%，明显高于山西、河北和天津。天津银行机构占比 11.3%，

从业人数占比 18.8%，但资产总额占比 11.3%。河北银行机构占比 44.8%，从业人数占比 34.5%，但资产总额占比 19.4%。而山西银行机构数占 26.7%，从业人数占 23.8%，但是资产总额只占 10.8%。山西的银行机构数量、从业人数以及资产总额都不占优势。从资产总额角度分析四地的规模优势发现，山西资产总额占比最少，规模优势最弱。

表 5 - 7　2019 年四地银行业金融机构营业规模

地区	机构数（家）	从业人数（人）	资产总额（亿元）
山西	7067	127294	48774
北京	4560	122726	262498
天津	2991	100635	50973
河北	11868	184440	87332

资料来源：Wind 数据库。

表 5 - 8 对 2019 年山西、北京、天津、河北四地银行业不同金融机构进行了比较。从对比分析中可以得知山西大型商业银行的数量处于中间水平，并且山西和河北在小型农村金融机构的数量上遥遥领先于北京和天津。但是山西在金融机构类别上并没有像北京和河北那样多样化发展，2019 年山西有 2 家外资金融机构，只有 1 家财务公司，没有信托公司。

表 5 - 8　2019 年四地银行业不同金融机构分类比较

单位：家

金融机构	山西	北京	河北	天津
大型商业银行	1811	1797	3309	1247
政策性银行及国家开发银行	81	18	166	8
股份制商业银行	396	813	506	407
城市商业银行	483	425	1221	301

续表

金融机构	山西	北京	河北	天津
小型农村金融机构	2942	673	4885	618
财务公司	1	75	7	0
信托公司	0	12	1	0
邮政储蓄	1226	574	1456	389
外资金融机构	2	115	2	21
其他	0	18	3	0

资料来源：Wind 数据库。

表 5－9 用山西、北京、天津、河北银行贷款执行下浮利率占比、执行基准利率占比与上浮利率占比三个指标来表示四地的银行贷款执行利率差异。通过表中数据可知，四地执行贷款利率的差异较大，其中北京由于大型金融机构数量较多，资产规模大，银行竞争激烈，故北京地区银行贷款执行下浮利率的比重最大，占比接近半数，而山西、河北和天津三地执行下浮利率占比远远低于执行上浮利率占比。这从侧面说明山西、河北和天津三地贷款利率水平相对较高。由此可知，山西和北京、天津、河北的资金价格水平存在较大差异，区域内资金流动不畅，在一定程度上制约了区域金融一体化水平的提高。

表 5－9　2019 年 7 月四地银行贷款执行利率情况

单位：%

地区	执行下浮利率占比	执行基准利率占比	执行上浮利率占比
山西	11.1	16.1	72.8
河北	8.2	12.2	79.6
天津	23	27.8	49.2
北京	54.6	13.3	32.1

资料来源：Wind 数据库。

二 山西证券业发展规模

为反映山西、北京、天津、河北四地证券业发展情况，表 5－10 就总部设在辖区内的证券公司数量以及上市公司数量、A 股筹资额和债券筹资额 4 个指标进行了统计与对比。从表中可以看出，北京的证券业机构数量、上市公司数量、A 股和债券筹资情况均处于绝对优势，超过了其他三地的总和，京津冀经济圈内证券业基本全部集中在北京，而这也与上市公司数量多有关。截至 2019 年底，北京上市企业为 334 家，而山西、天津、河北分别只有 37、54、58 家，远远落后于北京。由于北京证券公司数量较多，所以 2019 年北京 A 股和债券筹资情况也远高于山西、天津和河北三地的总和。由此可见，北京证券业发展规模优势明显，其带动的资金数量也远超山西、天津、河北。山西和北京、天津、河北三地证券业发展规模差异较大。

表 5－10　2019 年四地证券业发展规模

单位：家，亿元

地区	总部设在辖区内的证券公司数量	上市公司数量	A 股筹资额	债券筹资额
山西	2	37	33.40	1970.40
北京	18	334	3861.00	6974.70
天津	1	54	180.00	2414.00
河北	1	58	148.40	623.50

资料来源：Wind 数据库。

三 山西保险业发展规模

表 5－11 就机构数量、保费收入以及保险深度等指标对山西、北京、天津、河北四地保险业发展规模进行了比较。从表中可以看出，北京各项指标均领先于其他三地，保险公司总部数量为 45 家，天津

只有 6 家,而山西和河北都仅有 1 家,这与北京行政中心以及经济发展水平有直接的关系。2019 年北京、河北保费收入都高于山西。保险深度作为保费收入与 GDP 的比值,其代表一个地区保险业的发展水平,2019 年北京的保险深度为 6.00%,山西的保险深度次之,表明山西保险业发展较好。

表 5 – 11　2019 年四地保险业发展规模

地区	设在辖区内的总部数量(家)	省级分支机构数(家)	保费收入(亿元)	保险深度(%)
山西	1	53	883	5.19
北京	45	112	2077	6.00
天津	6	69	618	4.40
河北	1	75	1989	5.00

资料来源:Wind 数据库。

四　山西和京津冀经济圈金融发展效率各异

一个区域金融发展的效率可以用金融市场资金投放量与金融市场资金回收量的比值来表示。它是评价金融辐射效应的主要标准,其对地区间金融一体化有着显著的影响,区域内金融发展效率越高、差异越小,则代表该区域金融一体化程度越好。金融发展效率本质是用来考核分析信贷资金使用效果以及银行部门营业水平的,评价金融市场是否对货币要素变动产生了有效的引导。依据国内金融业现状和数据的可得性,结合实证分析的数据,把金融发展效率的指标转变为金融部门贷款余额与存款余额的比值,即 $FE = \dfrac{\sum LOAN}{\sum DEPOSIT}$。$FE$ 指的是金融发展效率,$\sum LOAN$ 是指金融机构本外币贷款余额,$\sum DEPOSIT$ 是指金融机构本外币存款余额。

根据图 5 - 3，2015～2019 年，山西、北京、天津、河北四地的金融发展效率参差不齐。从图中可以看出，天津金融机构的存贷比处于较高的水平，有着较高的金融要素配置效率；山西和河北大致呈现一致的趋势，金融效率低于天津的主要原因是山西和河北金融业基础薄弱；北京的存贷比是最低的，主要原因是其地理位置带来的政策优势，使金融产品和服务相对充裕，信贷利率水平整体较低，企业获取资金的方式较广，市场资金需求者更倾向于直接融资方式。

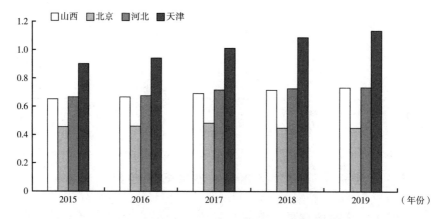

图 5 - 3　2015～2019 年四地金融发展效率

整体来看，山西、北京、天津、河北的金融效率呈现逐步上升的趋势，但是它们之间发展的不平衡不协调且在短期内无法改变等现状，对山西加入京津冀经济圈金融一体化发展过程产生了明显的阻碍作用。

五　山西和京津冀经济圈金融发展梯度差距大

哈盖特提出的"区位熵"概念，主要表示一个地区或者行业的集中化水平。一般多用于区域经济研究方面，测度资源要素的地理分布状况。所以，本书用"区位熵"评价山西加入京津冀经济圈金融业集中化程度、资本要素集聚状况，从中可以得出四地金融业发展的梯度差异，从而分析其对一体化进程的制约。

公式（5-8）中，LQ_{it} 指的是 j 区域中 i 行业的区位熵，q_{it} 是指 j 区域 i 行业的有关要素，$\sum_{i=1}^{m} q_{it}$ 则是指 j 区域全部行业的有关要素，$\sum_{j=1}^{n} q_{it}$ 是指全域内 i 有关要素之和，$\sum_{j=1}^{n} \sum_{i=1}^{m} q_{it}$ 表示全域内全部行业的有关要素。

$$LQ_{it} = \frac{q_{ij} / \sum_{i=1}^{m} q_{it}}{\sum_{j=1}^{n} q_{it} / \sum_{j=1}^{n} \sum_{i=1}^{m} q_{it}} \tag{5-8}$$

通常认为，LQ_{it} 值越大，代表 j 区域 i 行业的集中度越高，资源要素集聚状况越好。如果 LQ_{it} 值大于 1，则可以说 j 区域的 i 行业在所有地区都处于领先地位；而如果 LQ_{it} 值小于 1，则说明 j 区域 i 行业开放程度不高，专业化水平较低。

表 5-12 为 2019 年山西、北京、天津、河北四地及全国相关指标。

表 5-12　2019 年四地及全国相关指标

单位：亿元

地区	金融业增加值	GDP
山西	1130.60	17026.68
北京	6544.20	35371.30
天津	1907.90	14104.28
河北	2411.10	35104.50
全国	76250.60	986515.20

资料来源：国家统计局和各地统计年鉴。

从表 5-13 可以看出，北京区位熵最大，达到 2.39，山西区位熵最小，仅为 0.86，这与现实金融情况相符。北京拥有得天独厚的资源，金融业发展较为成熟，很多金融机构集聚于此，金融产值较大；与北京相比，天津在金融产业集聚方面水平相对较低，不过近年来增长速度较高；反观山西和河北金融产业专业化程度，与北京和天津相比水平差距较大，其对山西和河北经济社会发展和产业转型升级拉动不足。山西和京津冀地区金融产业专业化程度和集聚程度存在较大差异，金融梯度差距较大，制约了山西和京津冀经济圈金融一体化发展。

表 5-13　2019 年四地区位熵比较

	山西	北京	天津	河北
区位熵	0.86	2.39	1.75	0.89

第四节　晋－京津冀经济圈发展联系程度

在对区域经济进行分析时，经常采用引力公式（5-9）来对区域间相关城市的金融关联度进行测量。

$$R_{mn} = \frac{\sqrt{P_m V_m} \sqrt{P_n V_n}}{D_{mn}^2} \qquad (5-9)$$

公式（5-9）中，R_{mn} 是指城市 m、n 两者之间的金融关联度，V_m 和 V_n 分别指城市 m、n 的金融实力，我们用金融业增加值代替。而 P_m 和 P_n 指的是城市 m、n 各自的人口总数，D_{mn} 表示城市 m 和城市 n 之间的距离。R_{mn} 越大，两地之间的金融联系程度就越高，反之金融联系程度越低。2019 年的相关数据如表 5-14、表 5-15 所示，计算结果如表 5-16 所示。

表 5－14　2019 年四地金融业增加值和人口数据

单位：亿元，万人

	山西	北京	天津	河北
金融业增加值	1130.60	6544.20	1907.90	2411.10
人口	3729.00	2154.00	1562.00	7592.00

资料来源：各地统计年鉴。

表 5－15　四地省会中心城区之间的距离

单位：公里

地区	山西	北京	天津	河北
山西	—	513	516	221
北京	513	—	125	317
天津	516	125	—	321
河北	221	317	321	—

资料来源：网络地图。

根据表 5－16，北京与天津和河北的金融相关度整体较高，并且北京和天津之间的金融关联程度最高，关联值为 414.81。这是因为北京在京津冀区域金融合作中处于中心地位，是央企和金融机构总部的聚集地，其对河北、天津具有天然的金融业务指导关系；此外，北京和天津都作为直辖市，经济互补性强，各项经济往来紧密，近年来天津依托滨海新区以及自贸区建设这两个重要引擎，金融发展后劲足，与北京的金融合作较密切，故京津两地金融联系程度较高。山西由于受到地理距离、金融产业发展环境等客观条件的限制，与北京和天津的金融关联度并不高，金融关联度分别为 29.29 和 13.31。但是数据显示山西与河北的金融关联度为 179.87，表现出了较高的关联性，主要原因是山西是以煤炭为主的能源大省，河北又偏重工业需要能源消耗，再加上山西和河北在地理距离方面占优势，故金融的相关度较高。总的来说，山西、北京、天津、河北两两之间的金融关联程度存在较大差异，山西加入京津冀地区还存在更多的壁垒，在很大程度上会影响山西加入京津冀经济圈金融一体化的发展水平。

表 5 - 16　四地金融联系程度差异

地区	山西	北京	天津	河北
山西	—	29.29	13.31	179.87
北京	29.29	—	414.81	159.85
天津	13.31	414.81	—	71.68
河北	179.87	159.85	71.68	—

资料来源：根据统计数据计算得出。

第五节　晋－京津冀经济圈的相互融合

一　京津冀协同发展需要山西

山西加入京津冀经济圈金融一体化程度虽然较低，但是京津冀协同发展任务的落实需要山西的多领域参与。

（一）能源供应

在建设国家能源重化工基地以及向新型综合能源基地转变的过程中，山西在能源行业管理方面出台了一系列政策并开发了不同的试点，建立了完善的标准体系，积累了诸多经验。此外，在煤化工、电力、新能源装备制造方面，山西也拥有较为先进的技术和装备制造能力。这些都是山西能源合作的基础，是可供利用和复制的经验，形成了未来山西在能源领域的竞争优势。同时，作为京津冀地区长期以来的能源主供应地，凭借丰富的清洁煤层气资源禀赋，山西应当积极参与京津冀地区电力市场化交易，支持京津冀地区企业与山西电力企业开展合作，扩大电力外送规模。在服务雄安、提供能源方面，山西要加快推进煤层气输气管道等基础设施建设，积极推进煤层气向河北输送工作，鼓励支持优势企业加强合作，这对推进京津冀协同发展、雄安新区建设具有重要的意义。

（二）环境共治

京津冀及周边地区以雾霾为主的环境污染已经成为影响国家可持续发展的重大问题。雾霾污染固然与京津冀自身的工业污染、冬季采暖、机动车排放、扬尘等有关，但在空气流通作用下，山西作为位于京津冀上风向的煤炭生产、消费大省，其雾霾污染的空间溢出也是京津冀雾霾重污染的重要成因。从 2016 年开始实施国家"十三五"规划起，山西省就开始布局实施环京津冀生态屏障建设。2018 年 5 月 16 日，山西省委办公厅、省政府办公厅印发《太行山吕梁山生态系统保护和修复重大工程总体方案》，明确提出重点抓好环京津冀生态屏障区等"四大区域"国土绿化，构筑国土绿化生态安全屏障。

（三）"承东启西"

山西作为中部省份，承接东西，连接南北，铁路、公路、输电线路、输气管网等立体能源输送通道基本形成，是京津冀、环渤海、黄河金三角、中原经济区、长三角等地区重要的能源供应基地，在推动区域协同发展、促进"一带一路"建设等方面承担着重要的能源保障任务。虽然低碳化是能源变革的大势，但山西具有靠近国内能源主消费区的地缘优势，极有可能成为国内煤炭生产最后退出的省份之一，这为实现能源结构调整"软着陆"赢得了时间。

二　山西通过加入京津冀经济圈深化资源转型

山西煤炭企业长期以来采用的"高能耗、低产出"的发展方式，是其实现低碳转型道路上的"痼疾"，具体体现在两个方面。其一，山西煤炭企业主要通过出售原煤或粗加工煤创收，综合利用水平和经济附加值低。此外，在开采过程中没有充分发挥伴生矿产，如煤矸石的经济价值，而"煤矸石－电厂"就是解决煤矸石堆放和污染问题的良策。同样，"三废"的利用率和煤炭的回采率低也是山西煤炭企业在发展过程中出现的一大弊病。其二，山西煤炭企业较多，没有充分实现规模效应。

随着经济一体化的推进，区域协作已经在促进各地区经济发展中占据了主导地位。山西在发展自身经济、促进资源经济转型的同时，也应该看重与邻近省份的协调合作。加入京津冀经济圈，为山西转型跨越提供了优越的平台和机会，为促进经济一体化带来了极大便利。此次合作战略中，设立的"山西转型综改实验区"为山西经济发展提供了有力保障。京津冀经济圈凭借着优越的资金、信息、人才等资源，为山西转型跨越计划提供了难得的机遇，为山西由传统产业向新型现代多元化的产业体系的转变提供了便利途径。山西资源型经济转型不力，在很大程度上是因为开放不足，与省外的经济联系过于单一。进一步深化转型要坚持开放理念，将对接京津冀协同发展战略作为突破口。

一是坚持以企业为主体开展能源合作。企业是参与市场经济活动的主体，以互利共赢为目标，通过谈判达成合作，降低交易成本。省属大型能源骨干企业要转变思想，积极与优势企业开展合作，强强联手，提升自身实力，同时实现优势输出，创造价值。例如，山西省通过实行股权开放与江苏国信集团合作成立"苏晋能源控股公司"，并由江苏国信控股山西部分煤电国企。通过企业间的开放合作，实现了中部与东部地区的互融互动，也实现了企业间的互利互惠、共赢发展。此外，以构建全面的产业链清洁能源供应商为目标组建的山西燃气集团，未来在融入京津冀经济圈发展过程中将积极提供资源保障，同时也为山西清洁能源替代提供强有力的支撑。

二是大力发展新型化工行业。以现代煤化工为基础，打造新型化工产业链。建议山西初步实现新型工业化，带动煤炭产业的战略转型，大力发展推进现代煤化工产业，把煤化工产业建设成为山西转型发展的支柱产业。由于煤炭资源属于不可再生资源，单一的煤炭开采之路并不是长久之计。所以，山西必须要把煤炭资源从单一的数量开采型向多元完整的质量效率型调整。对煤炭资源进行深度综合加工，打造更长更稳定的煤炭产业链，开发煤层气、电力、石油等新型煤化工产品，全力建设集煤、电、气、油于一体的新型综合能源煤化工产业基地。

三是合理利用市场协调和政府协调的双重优势。首先，为了克服区域经济协调发展中遇到的各种困难，山西应积极主动融入京津冀经济圈发展过程，合理利用市场协调和政府协调的双重优势。要有效地整合生产要素，必须建设有秩序、有竞争的统一市场。所以，山西要突破地方区域限制，克服行政区域限制，建设有秩序的统一市场环境和体系，培育产权清晰的市场结构，推动市场内资金、人才、技术的规范流动。区域内资源的合理分配和利用，要通过优化市场内的资源配置来实现。其次，中央方面要尽量颁布全面多样的扶持政策。资金转移流动制度尤为重要，需要加强规范。山西各级政府要有明确的战略性发展目标，实现与京津冀经济圈经济发展计划的有效对接；建设与京津冀经济圈经济协同发展的制度，建设有关部门间相互合作的交流制度，实现互利共赢。最后，促进制度体系的洽和。努力构建与圈内各独立发展成员间共享的体系，减少不必要的差异成本，建设圈内经济一体化的政策体系。

四是加大人力资源流动力度。人才流动是促进各领域相互交流、共同发展的一个有效途径。建立人力资源相互合作开发的机制，在鼓励人才积极创新的同时，也为各区域提供相互交流合作的机会。如此各领域在有利的竞争中实现共同发展，为建设完善的人力资源体系提供途径和动力。

　　五是加大环境保护与污染防治力度。注重环境保护，加大污染防治力度，在建设国家能源基地的同时，也保证资源的可持续利用和后续资源优势的发展。建立健全区域生态保护机制和污染综合治理机制，完善环境质量检测制度。预先联合制定事故处理方针，统一建设和完善多样的生态支持系统。

第六章
晋－京津冀劳动力市场一体化发展

京津冀是我国经济和社会发展水平较高的区域，经过多年的发展，目前已经与长三角、珠三角一起成为我国区域经济中的三大增长极。经济的快速发展也带动了越来越多的人口涌向京津冀，受限于其行政面积的狭小，京津冀必然要与周边区域进行产业互动，实行协同发展，在京津冀协同发展进程中，又亟须构建统一的区域劳动力市场，从而为经济的深度发展铺平道路。而京津冀劳动力市场一体化已经被很多学者研究过。本书所要研究的是晋－京津冀劳动力市场一体化。山西作为紧邻京津冀的省份，在京津冀协同发展的大方向下必然要发挥更大的作用，并且山西省作为一个经济发展水平不甚乐观的资源型人口大省，其与京津冀在产业结构方面存在梯度差，人力资本方面可以互补，劳动力市场一体化可以通过优化劳动力资源配置带来另外一种意义上的"人口红利"，所以研究山西与京津冀区域的劳动力市场一体化有着典型的代表性。通过文献整理发现，目前研究的空间尺度还是以省际为主，研究对象多是以城市和乡村为主体的劳动力市场一体化。而从现实发展看，一方面，我国正在大力推进城镇化，在政策的推动下，越来越多的农村人口迁移到城市，据国家统计局2021年5月11日公布的第七次人口普查结果，居住在城镇的人口为901991162人，占63.89%。这说明我国人口大部分已经转移到了城市。另一方面，我国经济发展的主要驱动力是城市，城市是经济增长的重心，与乡村相比，城市是劳动力的主要承载地。因此，城市劳动力市场一体化应成为现阶段劳动力市场一体化发展的重点，在这样的背景下，下面从城市劳动力市场的角度分析晋－京津冀劳动力市场一体化。

第一节　必要性和现实意义

通过借鉴国内外有关劳动力市场分割以及一体化判断及测度的实证方法，本书从方法论上提出了晋－京津冀劳动力市场一体化测度研究方法，构建了劳动力市场一体化测度指标。现阶段，京津冀区域协同发展已上升为我国的国家战略，区域经济一体化成为协同发展工作的重心，不仅如此，京津冀的经济发展水平大家有目共睹，一个好的经济环境必然存在一个有秩序的劳动力市场，而山西邻近京津冀经济圈，是资源大省，经济水平却不甚乐观，是劳动力输出大省，它与京津冀形成较为鲜明的对比，而这正好与我国大体国情相匹配。在这样的背景下，对该区域劳动力市场一体化发展程度和特征进行深入分析，将会得出更有代表性和针对性的结论。

本书采用最新统计年鉴中相关年份的城镇职工工资和物价水平等一系列数据，应用本书提出的劳动力市场一体化测度研究方法，定量计算晋－京津冀劳动力市场一体化测度指标，并分析劳动力市场一体化变化趋势，从而为晋－京津冀劳动力市场一体化的建设提供可行性建议。劳动力市场一体化程度的增强与减弱意味着经济效率的提高与损失，通过对晋－京津冀劳动力市场的深入研究，我们将"对症下药"，提出可执行且能促使我省劳动力市场向着一体化迈进的合理政策和建议，使山西省的经济能够稳定、健康、快速发展。

第二节 劳动力市场一体化的实践与经验借鉴

一 珠三角

受改革开放基本国策影响，珠三角的对外开放程度远高于京津冀、长三角地区，制造业、高新技术的发展起步早、发展迅速，吸引了更多资金，培育了更多企业，全国的劳动力资源也在此集聚，劳动力市场繁荣。随着近年来其他地区的迅速崛起，珠三角地区劳动力市场受到一定影响，发生了一定变化，9 个城市之间的劳动力市场一体化趋势越来越明显，因此要做到以下几点来稳定劳动力市场的正常运行。第一，加强各个政府之间的合作。行政区划壁垒直接导致资本不能流动、交易成本高、企业效率低下，甚至带来资源浪费，例如，各个城市的行政规划各自为政，没有协同发展，从而带来重复建设，造成土地、交通等资源浪费，阻碍珠三角一体化发展。广东省政府应站在珠三角区域一体化的高度，从全局出发，统一筹划、统一部署，转变"各自为政"的局面。珠三角应以广州、深圳、珠海为中心打造经济圈，建设城市群，扩大辐射效应，推进一体化。在建设城市群的同时，激活劳动力市场发展，不断促进劳动力市场一体化进程。第二，准确定位区域发展方向。2008 年国家发布《珠江三角洲地区改革发展规划纲要（2008—2020 年）》，将珠三角区域一体化上升为国家战略。广东省政府积极落实纲要，突出强调推进基础设施建设、产业升级、产业一体化，加快推进各经济圈的发展，增强城市群竞争力。一方面，广东省政府积极推出区域交通一体化实施方案，先后颁布《关于加快推进珠江三角洲区域经济一体化的指导意见》《珠江三角洲地区交通基础设施建设一体化规划》《珠江三角洲地区城际轨道交通规划》《2009 年交通基础设施建设重点工作推进方案》等，促进区域交通一体化建设，到 2012 年 12 月 31 日，广珠城轨全线通车，广州至佛山、江门、江中、珠海等珠三角西岸城市形成"一小时交通圈"。此外，珠港澳大桥也将广东的广佛肇、深莞惠、珠中江和香港、澳门连接起来，形成了一个三角。另一方面，在基本设施上，广东省政府主导各级政府配合，形成了"五个一体化"计划，将 2 亿元资金投向 150 个项目，全面推进一体化。珠三角实施的这些措施，为劳动力市场一体化创造了良好条件，这也是珠三角出现一体化倾向非常明显的原因。

二 欧盟

欧盟作为世界的一个重要经济体，在其经济一体化的背景下，虽然与其资本、技术一体化相比劳动力市场一体化程度还存在很多问题，但是其一体化的程度仍远高于世界其他国家或地区。欧盟各个国家规范劳动力市场的制度、政策和规定各有不同，使劳动力市场一体化的进程并不顺利，遇到了很多阻碍和困难。实现劳动力市场一体化就是使劳动力能够自由地在欧盟各个国家之间流动，不受歧视（种族歧视、性别歧视）、工资水平、劳动保护制度等因素的制约。欧盟自成立以来，一直致力于推进其一体化的进程，对于劳动力市场一体化，欧盟也在许多方面采取措施对社会标准进行管制，诸如社会保障、工作时间、职业安全与健康、工作场所参与度等，辅助欧洲基金会的资金支持和对各成员劳动力市场政策的监督，促进劳动力的自由流动。

职业安全与健康方面的协调是实现单一欧洲市场的核心要素，也是目前最成功的一个要素。在欧洲统一安全标准实施之前，各国在管制水平和实际安全水平上存在很大差异。比如根据国际劳工组织 1993 年的数据，1991 年西班牙每 1000 名劳动者中遭遇死亡事故的数目（0.134）几乎是荷兰（0.015）的 10 倍。大多数工业化国家在事故、疾病、风险防范和技术安全方面主要使用传统的"机械性"方法，安全记录良好的国家主要使用"创新法"，如丹麦和荷兰，因此它们的安全水平远高于欧盟其他国家。欧盟为了推动共同劳动力市场的建立，不仅从宏观层面上进行了政策的统一，还从微观层面对关乎劳动者切身利益的一些制度给出了明确的规定，要求欧盟各成员必须遵守，当时的欧共体委员会也实施了欧洲统一安全标准，大大促进了欧洲劳动力市场的统一。职业安全与健康对于欧盟劳动力市场一体化的作用主要体现在两个方面。一是就业环境的趋同。《职业安全与健康指示》明确对劳动者工作场所、工作环境、个人工作设备等做出规定，促进各成员之间就业环境的趋同，使劳动者减少了对不同国家就业环境的关注，促进了劳动力的流动，尤其是劳动力从主要劳动力市场向次级劳动力市场的流动。二是劳动者的切身利益得到保护。职业安全与健康直接关系到每个劳动者的切身利益，欧盟做出的统一规定改变了过去部分国家标准高、部分国家标准低的局面，间接减少了对劳动力市场的限制，使劳动力可以在区域内自由流动，加快了劳动力市场一体化格局的形成。

第三节 晋－京津冀劳动力市场一体化的现状

一 劳动力丰富但分布不合理

在晋－京津冀地区，河北是劳动力资源非常丰富的地区，山西次之，但两省劳动力素质参差不齐。北京、天津依靠地理优势，加上优越的社会环境、积极的政策引导成为劳动力的重要吸纳地。但由于种种因素的阻碍，山西、北京、天津、河北四地并没有形成统一的劳动力市场，导致劳动力流动存在一定的盲目性，使劳动力资源配置失衡，没有形成合理的分工和合作机制，彼此之间的联系不足，制约了劳动力市场的运行效率。

第一，从地区分布看，晋－京津冀地区就业人员主要集中在经济欠发达的河北，劳动力分布不均，各个地区之间的劳动力数量存在极大差距（见图6－1）。劳动力市场需求与劳动力市场实际供给之间存在的巨大差异，在一定程度上阻碍了晋－京津冀劳动力市场一体化的进程。第二，从产业结构看，受经济发展水平、各地政策导向的影响，劳动力在晋－京津冀地区产业之间的分布悬殊（见图6－2）。河北三次产业之间就业人数没有明显的差距，大体处于均等的状态；北京第三产业的就业人数远高于第一产业和第二产业；天津就业人员主要分布在第三产业和第二产业，远高于第一产业就业人员；山西第一产业和第三产业的就业人数都高于第二产业，但第一产业和第三产业就业人数彼此相差不大。就业人数在晋－京津冀地区产业结构分布的不同，直接影响劳动力的合理流动，进而影响晋－京津冀劳动力市场一体化的建设。

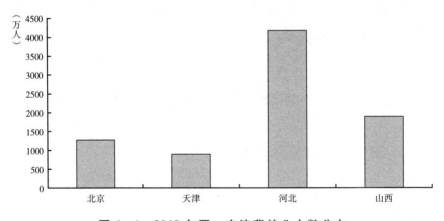

图6－1　2019年晋－京津冀就业人数分布

二　劳动力需求与供给存在矛盾

晋－京津冀地区劳动力市场的供求矛盾主要表现在劳动力供求总

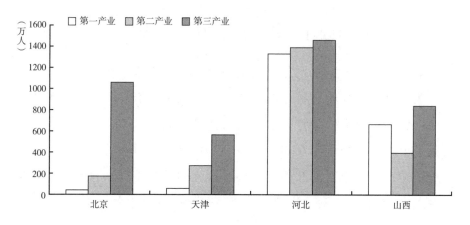

图 6－2　2019 年晋－京津冀三产就业人数分布

量和就业结构两个方面，就业存在地区间和行业间的不平衡。一方面，在劳动力市场上，河北和山西劳动力剩余与北京、天津劳动力缺乏并存。以北京市为例，根据北京市历年发布的人力资源市场供求形势分析报告，劳动力市场需求的岗位 1/3 以上是专业技术岗位，其中"信息传输、计算机服务和软件"需求最多。而河北劳动力大部分是产业升级导致的失业人员，根本不具备相应的技术。山西省由于自身经济发展水平和教育资源落后，其庞大的劳动力资源无法弥补北京的人才缺口。从行业需求看，劳动力供给大于需求的主要是制造业、建筑业、科学研究和技术服务业、批发和零售业等；劳动力供给小于需求的主要是信息传输、服务业等。可以说，招工难与就业难并存是晋－京津冀地区劳动力市场的现状。另一方面，晋－京津冀地区知识劳动者失业较为严重。知识劳动者失业主要是指一部分受过高等教育的知识劳动者找不到工作或只能做对文化程度要求较低的工作。目前，由于高校专业设置与实际需求不匹配以及教育资源在各省市分配的不均，晋－京津冀地区普遍存在知识劳动者失业，很多高校毕业生毕业后找不到与之相对应的工作，只能从事一些与自身条件不相符的工作，这种情况在北京和天津这种大城市尤为显著，造成了极大的人才浪费。

三 劳动力工资水平较高但各地相差较大

京津冀城镇居民平均工资在全国处于较高水平，居京津冀、长三角、珠三角三大区域之首。2012 年，京津冀市辖区职工年均工资为72623 元，是全国平均水平的 1.36 倍。同期，长三角和珠三角市辖区职工年均工资分别为 64386 元和 57878 元。而山西的城镇居民平均工资较北京、天津、河北而言，还有很大的追赶空间。这也是山西努力融入京津冀经济圈、推进晋－京津冀劳动力市场一体化的主要原因。

从区域内部看，在城镇居民平均工资金额上，北京和天津无疑处于收入链的顶端，而山西和河北各个地区工资水平多居于较低水平，且彼此之间差距不大。但与北京、天津相比较，则总体工资水平差距极大。区域工资水平呈现总体平稳、局部地区突出的特征，区域内年均工资最高的城市和最低的城市基本稳定，但两者的工资水平相差数倍，而且在区域内工资水平普遍上涨的大趋势下，区域内最低工资和最高工资的差距在逐渐拉大（见图 6－3）。从工资增长率来看，在2009～2019 年，晋－京津冀各地级市城镇职工平均工资均有不同程度的增长，北京和天津的涨幅最大，山西和河北的 9 个城市城镇居民平均工资增长的幅度大致相当。另外，分行业的城镇职工平均工资能够反映地区之间相同行业的就业市场情况，在一定程度上反映城镇劳动力市场一体化的结构特征。以 2018 年晋－京津冀地区的截面数据为例，分行业的城镇就业人员平均工资中，晋－京津冀 11 个地级市中山西和河北的 9 个地级市几乎均处于区域内同行业的最低水平。而无论是制造业、建筑业等工业门类，还是交通运输、仓储和邮政业等生产性服务业门类，以及住宿和餐饮业等生活性服务业门类，北京市城镇单位就业人员平均工资均处于同行业最高水平，天津次之。分行业的工资情况说明晋－京津冀地区劳动力收入的结构性差距较大。

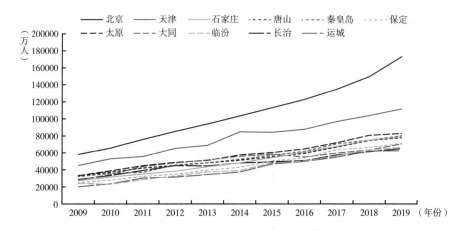

图 6－3 2009～2019 年晋－京津冀 11 个地级市城镇职工平均工资曲线

第四节 晋－京津冀劳动力市场一体化的测度

一 研究基础

关于劳动力市场一体化测度，各国学者采用过很多种研究方法，目前有三种方法较为流行：第一，采用劳动生产率作为测度劳动力市场一体化程度的重要指标；第二，采用失业率、劳动力流动等指标衡量劳动力市场一体化程度；第三，将工资视为劳动报酬的最直接表现形式，利用不同地区劳动力市场的工资差距及其收敛性或区域间工资水平的趋同程度来判定劳动力市场一体化的程度。陈甬军和丛子薇（2017）、赵金丽等（2017）、杜茂宝等（2018）采用相对价格法对京津冀劳动力市场一体化以及要素市场一体化进行测度。孙博文等（2019）基于一价定律原则，运用城乡相对工资变动收入的方差对城乡劳动力市场分割水平进行测度。戚晓曜和郑雪（2012）、陈红霞和席强敏（2016）采用职工工资的平均偏差对劳动力市场一体化进行测度。与戚晓曜和郑雪（2012）不同的是，陈红霞和席强敏（2016）利用居民消费价格指数对当年平均工资进行平减，剔除物价因素的影响后，得到实际可比的职工工资，这与都阳和蔡昉（2004）对劳动力市场一体化的测度方法一致。周申和易苗（2010）通过构建劳动力供求函数与工资函数，对劳动力市场一体化进行测度。孙文远和裴育（2010）通过计算工资的标准差来反映长三角地区劳动力市场一体化水平，同时通过面板数据回归模型说明长三角地区劳动力市场一体化程度正在加强。其中基于工资水平角度对劳动力市场一体化水平进行测度是较为常用的方法，其具体的计算方法是计算各劳动力市场工资水平的标准差或绝对平均偏差，以标准差或绝对平均偏差的大小来衡量劳动力市场一体化水平。考虑到此种方法计算更简便且应用较广，具有普遍性，本书也将采用这种方法来衡量晋－京津冀劳动力市场一体化的水平。

二 数据来源及计算方法

为了测度晋－京津冀劳动力市场一体化的水平以及分析其时序特征，下面采用 2009～2019 年晋－京津冀 11 个地级市的城镇职工实际工资的绝对偏差值及其基本走势来衡量其劳动力市场一体化的水平。在进行样本城市的选取时，为了使结果具有典型性和代表性，除北京、天津外，河北选取了石家庄、唐山、秦皇岛和保定，山西选取了太原、大同、临汾、长治和运城。这些样本城市除了自身在其省内的经济发展水平较高之外，其劳动力的流动也更具本省特色。数据主要来源于 2009～2019 年《中国城市统计年鉴》、人口普查数据库，以及各地的统计年鉴。

具体地，假设所考察区域内的城市数量为 n，i 代表所考察的城市，t 为所考察的时期，w 为城市实际工资水平，则该区域内所有城镇劳动力市场的平均工资为 i。进一步地，j 城市相对于区域劳动力市场平均工资的偏差为 u，所考察的区域劳动力市场一体化的衡量指标——绝对平均偏差为 U，以上变量之间的运算关系可以表示如下。

$$\bar{w} = \sum_{i=1}^{n} w_{i,t} / n \tag{6-1}$$

$$u_{j,t} = w_j - \sum_{i=1}^{n} w_{i,t} / n \tag{6-2}$$

$$u_t = \sum_{i=1}^{n} |u_{j,t}| / n \tag{6-3}$$

三　劳动力市场一体化测度结果与分析

通过分析晋 - 京津冀 11 个城市 2009 ~ 2019 年城镇劳动力工资相对于当期平均水平的偏差，可以看到晋 - 京津冀劳动力市场的分异现象较为明显（见图 6 - 4）。其中，北京、天津处于劳动力市场中的较高层次，其历年的实际工资水平均大幅超过区域平均水平。唐山、太原和秦皇岛有别于区域内其他城市，历年工资基本高于区域平均水平，即与区域的平均水平偏差多数为正，处于第二阶梯。河北和山西其他城市如保定、大同、长治和运城的城镇职工工资的平均水平相差不大，但与区域内其他省市相比较，其平均工资较低。随着时间的推移，晋 - 京津冀 11 个地级市的这种工资差异会更加突显。

通过对各地级市工资与当期区域平均水平偏差的进一步计算，我们可以得到晋 - 京津冀城市劳动力市场一体化水平曲线（见图 6 - 5）。从绝对数值来说，晋 - 京津冀劳动力市场工资绝对平均偏差值在 2009 年大约处于 7000 元的水平，在 2019 年增加到 16000 元左右，11 年间数值增加到 2 倍之多。从图 6 - 5 中我们可以很直观地看出，晋 - 京津冀 11 个城市的工资绝对平均偏差值呈现逐年增大的趋势，且上升幅度较大。

综上所述，晋 - 京津冀城市劳动力市场的分割情况较为严重，并且随着时间的增加，劳动力市场的分割程度也会进一步加剧。这说明晋 - 京津冀城市劳动力市场一体化的水平不高，还有待改善。

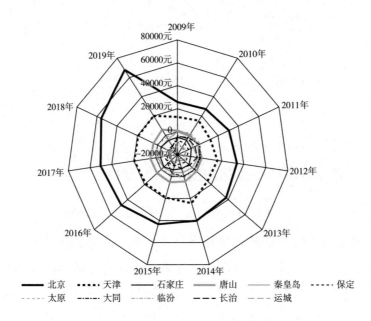

**图 6 – 4　晋 – 京津冀 11 个地级市工资与当期区域
平均工资水平的偏差**

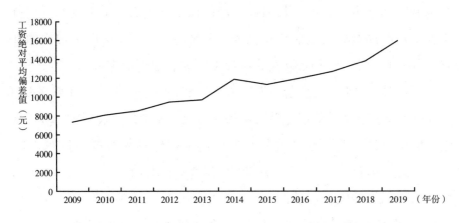

图 6 – 5　晋 – 京津冀城市劳动力市场一体化水平曲线

四　影响晋 – 京津冀劳动力市场一体化的因素

晋 – 京津冀地区劳动力密集，其区域协同发展也有多年的历史，构建四地统一的劳动力市场的各方面条件都算得上是得天独厚，但与长三角、珠三角相比，其劳动力市场一体化程度尚存在较大差距，面临着多方面的发展障碍。劳动力流动并不是一个单纯的经济行为，其迁移过程受到区域政策法规等多重制度性因素的影响，因而会造成劳动力市场的分割。总体来看，影响晋－京津冀劳动力市场一体化进程的积极因素和消极因素都很明显。

（一）积极因素

1. 政策优势

首先，国家对于京津冀地区的经济发展有着积极的政策支持。政府多次明确提出，在未来的发展中要打造京津冀经济圈，还成立了京津冀一体化小组。北京于 2014 年 8 月出台《关于全面深化市属国资国企改革的意见》，强调统筹国有资产、国有企业的技术、资金、土地等资源，重点侧重于社会公共服务、基础建设、环境保护等领域，推动协调化发展。北京市西城区政府与河北省廊坊市政府签署了合作发展协议框架，将在经济、社会发展领域进行全面合作。河北廊坊中级人民法院出台《廊坊市中级人民法院关于为推动京津冀协同发展提供司法保障和法律服务的指导意见》，助力京津冀协同化发展。天津市京津冀协同发展小组公布《天津市贯彻落实〈京津冀协同发展规划纲要〉实施方案（2015－2020 年）》，基本在 2020 年实现"一区三基地"建设，促进京津冀一体化发展。在医疗卫生领域，京、津、冀三地的卫生行政部门共同签署《京津冀突发事件卫生应急合作协议》，疾病控制部门签署了《疾控工作合作框架协议》。北京计生委印发《2014 年北京市医疗工作要点》，把北京拥有的优势医疗资源，通过共同建设、技术交流合作、医护人员共同培养等方式带动河北发展，让河北迅速与北京同质化。河北省《关于推进新型城镇化的意见》中也涉及卫生资源的统筹，对于疏解北京的医疗资源有明确的规定。此外，京冀两地就异地医疗保险报销对接工作在北京燕达医院开展试点，简化医疗保险报销程序，方便就医。此举将直接促进劳动力的自由流动，对于劳动力市场一体化有着十分重要的作用。

其次，国家对山西融入京津冀经济圈联动发展有了新政策。2018年国家发展改革委出台了《关于支持山西省与京津冀地区加强协作实现联动发展的意见》（以下简称《意见》）。其目的是推动山西与京津冀深度融合，形成协同联动发展、互惠互利共赢新格局，把山西建设成为京津冀向中西部地区辐射的战略支撑带。《意见》旨在贯彻落实《京津冀协同发展战略规划纲要》（中发〔2015〕16号）和《国务院关于支持山西省进一步深化改革促进资源型经济转型发展的意见》（国发〔2017〕42号）。对于山西而言，加强与京津冀地区的协作联动发展，是加快创新驱动转型升级及提高整体发展水平、综合竞争力和可持续发展能力最直接、最有效、最现实的重大战略机遇。支持山西与京津冀地区加强协作实现联动发展，既是对我国区域协调发展战略的创新与突破，也能为全国其他区域协调发展提供借鉴与示范。《意见》体现了三大基本思路。

第一，坚持服务大局与带动山西发展相结合。《意见》突出了为京津冀服务的大局意识，立足山西比较优势，着力构建面向京津冀的绿色生态屏障区、清洁能源保障区，让山西在服务中享受协同发展的成果和政策支持。

第二，突出重点环节，推进协作联动。《意见》围绕生态环保、清洁能源、创新平台、产业协作、基础设施、社会民生等重点环节，提出全面深化山西与京津冀地区生态环境联防联治、清洁能源供应、科技创新合作、产业发展协同、基础设施互通、教育医疗共享，形成山西与京津冀联动发展、互利共赢新格局。

第三，着力破解发展难题，补齐区域发展短板。北京非首都功能疏解，雄安新区建设，为山西在新兴产业、科技创新、医疗教育等领域承接优质资源，建立多层次、多样化的合作模式，提高公共服务发展水平，补齐民生短板带来重大机遇。《意见》提出深入挖掘山西在京津冀向西辐射中的通道功能，展开精准对接，借力发展，以深度融合京津冀带动全省经济转型发展。到 2022 年，山西与京津冀地区联动发展取得阶段性成果；到 2035 年，山西与京津冀地区联动发展、互利共赢的新局面全面形成。而这必将促进山西的劳动力向京津冀地区流动，从而为晋 - 京津冀劳动力市场一体化的形成奠定基础。

2. 交通优势

京津冀交通一体化发展已经卓有成效，2015 年国家发展改革委员会和交通运输部联合编制《京津冀协同发展交通一体化规划》，涵盖"一环"、"二航"、"五港"和"六放射"。交通运输部编制的《关于推进京津冀交通一体化政策协调创新的指导意见》也在小组会议上通过，旨在与三地的地方性交通法规、规章进行对接，推进协调性地方法规的产生，建设综合性的交通运输体系。在政策对接上，河北出台了多个文件；天津也进一步落实规划，明确规划任务。在城际铁路上，多条线路已开通，比如京蓟城际铁路，票价低廉、时间短，大大方便了出行。未来几年，北京、天津、河北之间将有 27 条城际铁路，形成 3796 公里的铁路网，以北京为中心，形成 3 小时的高铁交通圈，京滨、京唐铁路也在建设中。在高速公路上，河北率先打通 5 条高速公路对接京津，京港澳高速也在 2014 年通车。此外，京津冀区域公交、地铁"一卡通"互联互通计划在 2017 年实现。京津冀地区正在逐步形成立体的、综合的交通网络和体系，交通一体化大大缩短了各地之间的乘车时间，有利于劳动力的充分流动，对区域一体化具有重要作用。

在山西融入京津冀经济圈的尝试中，其自身的交通优势起到了很大作用。在 2017 年就正式跨入全国大型繁忙机场行列的太原武宿国际机场，3.6 公里的跑道连接全国 75 个城市和 9 个国际城市，百余条航线在空中交织成无形的网络。大张高铁大梁山隧道山西段工程，历时三年实现贯通。大张高铁是国家"十二五"工程铁路规划项目，建成通车后，从大同到北京只需要100分钟。大同至张家口高速铁路起自山西怀仁县，止于河北省怀安县，与京张铁路、呼张铁路、大西客专衔接，是贯通京、津、冀、晋、陕的重要客运通道。大张高铁项目全长140公里，其中在山西境内124公里（相当于山西大同是主体）。可以预见的是，大同将成为整个山西向东、向东北发展并协同京津冀发展的先头城市。从区位图上看，山西的城市在区域协同或一体化发展上是具备较好基础的。头部，大同与北京几乎处于同一纬度，一条直线。而南边就是晋城＋郑州，中部为太原＋石家庄。而脖颈部，就是忻州＋雄安。雄安新区是我国的战略工程，代表着中国城市未来的发展方向，将给其他城市提供前瞻性的借鉴，未来具备推动我国经济增长极的潜力。雄忻高铁长约300公里，是雄安新区"四纵两横"轨道交通网络的重要组成部分。雄忻高铁修成后将为沿线地区带来大量人流、物流和发展机会，增强雄安对中西部城市的辐射，从而形成雄忻高铁经济带。

2021年2月，中共中央、国务院印发《国家综合立体交通网规划纲要》（以下简称《规划纲要》），规划期为2021~2035年，远景展望到21世纪中叶。《规划纲要》是为加快建设交通强国、构建现代化高质量国家综合立体交通网、支撑现代化经济体系和社会主义现代化强国建设绘制的发展蓝图。规划中提及山西即将并入国家交通主轴，山西自身也更加深度融入国家综合立体交通网、力争跨入全国交通强省前列，通过交通建设融入京津冀经济圈协同发展等国家战略和重要经济圈、城市群，以有效支撑山西转型发展新路。山西是全国交通强国建设第二批试点省份，随着国家综合立体交通网的建设完善，山西将建立起立体联网、内外联通"两纵四横一环"综合运输通道，形成多式联运、有机接驳"一主三副多极"的综合交通运输枢纽格局。据介绍，到 2025 年，山西"两纵四横一环"综合运输通道建设要取得重大进展，基本形成设区市 30 分钟通勤、省会到设区市 2 小时通达、设区市到县 2 小时通达、省会到国内主要城市 3 小时通达的"3223"出行交通圈；基本形成省内 1 日送达城市、2 日送达农村、省外 3 日送达的"123"快货物流圈。到 2035 年，全面建成现代化高质量的综合立体交通网，跨入全国交通强省前列。这将大大推进山西融入京津冀经济圈的进程。

（二）消极因素

1. 行政分割

行政分割，是指因不同省、市、自治区所附带的差异化政治、经济、文化、社会等因素而形成的行政区间壁垒。首都北京、直辖市天津、河北和山西存在较大的行政差别。尤其是京津冀经济圈与山西之间的行政分割更是阻碍了山西与京津冀经济圈的全面交融，是晋－京津冀劳动力市场一体化的首要障碍。

首都北京是全国的政治、经济、科技、文化中心，是国家政策的策源地和国家顶级资源的集中地。天津市毗邻首都，近代以来又经过多次工业迁徙，拥有雄厚的工业基础，是划时代的国家级新区，国家的政策利好在天津优先落地，在财政扶持上得天独厚。河北则是环京津的农业大省，其主要经济发展动力是承接来自北京和天津的对环境不友好的化工钢铁产业转移，但是由于近些年的环境恶化以及环境治理的加强，河北省为北京和天津的环境治理砍掉了省内大部分钢企，以致成为三次产业无一特长的穷困省份。山西的经济状况也不容乐观，其资源型城市发展的道路在当今时代走得愈加艰难，从山西、北京、天津、河北四地的 GDP 总值以及人均 GDP 拥有量便能看出它们经济发展水平的较大差距。根据第七次人口普查数据，在晋－京津冀地区的 GDP 总量方面，2020 年，北京的 GDP 总量为 36103 亿元，天津为 14084 亿元，河北为 36207 亿元，山西为 17652 亿元，因为总量的差距要考虑到地缘、地域和人口等因素，故 GDP 总量的参考价值有限。而从人均 GDP 拥有量来看，2020 年，北京人均 GDP 为164904.05 元，天津为 101570.18 元，河北为 48528.06 元，山西为50555.97 元。从数据中可以看到，就山西和河北的人均 GDP 而言，两地的整体经济发展水平相差不大，约为北京的 1/3、天津的 1/2。在四地人均收入方面，2020 年，北京人均收入为 69434 元，天津为43854 元，河北为 27136 元，山西为 25214 元。这种状况在最近几年的数据统计中并没有发生明显变化。

造成上述经济发展方面差距的原因主要是山西、北京、天津、河北四地的行政等级。与国外的情形不同，当代中国城市有着行政等级的设置，即不同的城市被划分为不同的行政等级，如一线城市、二线城市、三线城市、直辖市、省会城市、计划单列市、省辖市、副国级市、正省级市、副省级市等。在城市行政等级体系中，相应行政级别的城市在制度安排、政策制定、行政管理和公共及非公共资源方面拥有相应的权限。行政等级较高的城市，在立法、行政、经济和社会管理方面拥有较多的权限，因而能获得更多的资源配置和发展机会，如国家自由贸易区、经济技术开发区、高新技术产业开发区等，基本上都优先布局在行政级别较高的一线城市。同时，相应的政治资源和公共服务资源也会吸引各类优质经济社会资源向这类城市聚集，由此产生的规模经济效应足以促进城市经济得以迅猛发展。一些行政级别较低的城市由于难以获得优质资源和发展机会，甚至还要服从、服务于行政等级高的城市发展规划，自身难以有效全面发展起来。在晋－京津冀地区，四大行政区行政等级所赋予政府的行政力量明显大于市场经济的力量，在该区域发展初期，这种具有中国特色的行政体制曾对北京和天津的发展产生过决定性的影响，并间接促进了山西和河北的发展。然而"成也萧何，败也萧何"，北京、天津、河北之间的行政壁垒和行政分割在如今已经成为导致四地劳动力要素难以自由流动的主要原因。

2. 产业分割

产业分割，是指在劳动力的流动中，由于不同区域之间存在不合理的产业结构梯度差而对劳动力转移就业形成的分割。一般来说，劳动力转移与区域的产业结构存在紧密的关联，产业结构的变化对劳动力具有吸纳或挤出效应，即产业结构变化对劳动力在空间流动上能够产生推力和拉力。经济发展水平高、高新技术产业升级快的发达地区会普遍增加对中高端劳动力的需求，而当本地劳动力供给无法满足这种需求时，就会吸引外来劳动力资源。然而，欠发达地区的剩余劳动力在向发达地区流动过程中，因两地的产业结构不匹配，便难以融进迁入地的劳动力市场，因而造成了劳动力市场的产业分割。产业结构差异也是造成晋－京津冀劳动力市场分割的一个重要因素。在晋－京津冀的产业布局和三次产业劳动力数量的分布方面，四地也有较大差距。从上文晋－京津冀劳动力市场现状的描述中，我们已经知道四地产业结构的差异。河北和山西三次产业的就业人数较为平均，天津的劳动力分布在第二、第三产业，而北京则主要集中于第三产业。为了更清楚地说明晋－京津冀三次产业的产值差异，下面列出该地区 11 个地级市的非农产业产值（第二产业与第三产业产值的和）数据（见图 6-6）。横向来看，晋－京津冀地区中北京、天津两市与河北、山西两地城市之间的非农产业产值相差极大，如2016 年北京市和大同市非农产业产值相差 25 倍之多。纵向来看，晋－京津冀地区 11 个地级市的非农产业产值呈增加态势，但增加率不尽相同。

目前，只有京津的第三产业和天津的部分第二产业对河北和山西的劳动力留有吸纳空间。河北和山西第三产业的发展远低于北京和天津，四地的产业结构存在较大差异，由于产业结构对劳动力的素质和能力要求具有一定的针对性，因此河北和山西剩余劳动力因知识结

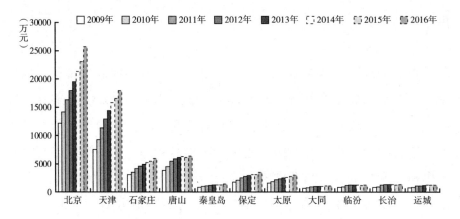

图 6－6　晋－京津冀 11 个地级市非农产业产值

构、专业素质、技术能力等方面的差距很难被京津所需要的第三产业
吸收，即便山西和河北的剩余劳动力进入北京、天津劳动力市场，也
以低端劳动力市场为主，就算一些人进入北京、天津两地的第三产业
就业，也主要是在传统的第三产业企业，很难进入现代第三产业领
域。由于山西和河北的剩余劳动力竞争力有限，所以很难广泛、深入
地介入京津劳动力就业市场，并由此造成晋－京津冀劳动力市场的分
割。总之，晋－京津冀地区的产业梯度落差大，没有形成有序的梯度
结构，制约了晋－京津冀在产业转移上的对接，致使该地区劳动力流
动的通道不畅，阻碍了劳动力市场一体化的发展。

3. 区域分割

区域分割，是指因经济社会发展的不平衡，不同区域之间因社会
保障、福利水平、公共物品供给等因素的差异对劳动力流动形成的区
域壁垒。从 20 世纪 90 年代中期开始，户籍制度束缚劳动力流动的局
面逐渐被打破，但取代城乡分割的是以地方政府为主导的区域分割，
劳动力市场由此进入地域性多元分割阶段。实际上，一些地方政府特
别是大城市的管理部门继续通过一系列管理办法，包括隐性的户籍制
度来限制外来劳动力在本区域的自由流动，也就是说，以户籍管制作

为调控人口手段的地方保护主义并未根除，只是其内容和方式发生了变化。首先，在考核地方政府的政绩时，均将经济增长速度、财政收入水平、本地劳动人口就业率作为主要指标，因此在企业招工、安排社会人口就业时往往需要从本地区利益出发，优先考虑本地户籍居民。其次，比户籍更重要的是与户籍相连的公共物品，如基础教育、医疗卫生、科技文化、公共交通等，这些资源具有一定的稀缺性和非排他性，并且由地方政府来提供。由于地方政府财政能力有限，无法无限提高公共物品的供给水平，所以只能通过排挤外来人口的方式来保证本地居民的享用。再次，与户籍相连的社会保障。在区域经济发展失衡、社会保障地方统筹和财政分权的背景下，区域的社会保障和福利水平出现明显差异，在流动人口社会保障的区域间衔接方面形成障碍，劳动力流动的制度成本被抬高，进而影响了统一劳动力市场的建立。晋－京津冀之间的社会保障制度，如养老保险、医疗保险、子女教育、保障性住房以及各种就业援助等福利存在较大差异。从保障水平看，京津明显高于河北和山西。北京低保的申领资格为拥有北京非农业户口的居民，非北京城市户口居民无法领取低保。最后，社会经济发展水平也对劳动力的社会保险水平产生影响，企业为职工缴纳的"五险一金"也会受到地方发展规模、经济实力的影响，因此，晋－京津冀地区在社会保险的参保范围、比例等方面存在较大差距。京津两地多为大中型企业，有经济能力为员工缴纳"五险一金"，而河北和山西则是中小企业占多数，相当一部分企业无法为员工缴纳"五险一金"。在就医方面，尽管国家在宏观调控上推进了一体化政策改革，但在失业、养老、就业等方面的社会保障制度一体化还有很长的路要走。上述差距决定了山西和河北剩余劳动力进入北京、天津两地工作而无法受惠于当地的社会保障措施。社会保障制度的差异已经成为阻碍京津冀劳动力市场一体化的主要因素之一。

第五节　推进晋－京津冀劳动力市场一体化的措施

一　通过区域经济协同发展均衡京津冀劳动力收入水平

造成京津冀劳动力市场分割的主要原因是山西、北京、天津、河北劳动力工资存在较大差异，而导致劳动力工资差异的主要原因是四地经济发展的不平衡。在首都经济圈，北京、天津两大中心城市是京津冀城市群的双核，是区域发展中明显的经济高地，经济总量、产业质量、科技含量、创新能力等在全国处于领先地位。河北是首都经济圈的外环，中等城市偏少，低等级城镇过多，经济发展处于洼地。山西作为一个一直想要通过融入京津冀经济圈来提高自身发展水平的邻近省份，与河北相比，其距离北京、天津较远，经济发展水平与河北相差不大。为改变这一区域经济发展不平衡现状，需要强化晋－京津冀经济的协同发展，积极发挥北京、天津在城市群发展中的"领头羊"作用，以四地"一张图"规划、"一盘棋"建设、"一体化"发展的理念，增强四地的经济联系，实行经济"双扶"策略，既"扶强"也"扶弱"，并适当向"扶弱"倾斜，为山西和河北提供必要的政策、财政、技术、项目扶持，为京津周边城市的经济发展提供动力，促进共同发展。

在京津冀经济圈中，作为经济中心的北京、天津两大城市应当发挥吸收和辐射其经济发展腹地的能力，作为腹地的河北和作为动脉的山西只有加快其经济发展速度、接受中心城市的经济辐射力，才能分享中心城市的发展成果，在经济发展水平上缩小与京津的差距。要尽快补齐四地劳动力收入方面的落差，为实现京津冀劳动力市场一体化创造必要的条件。

二　通过产业结构调整引导劳动力资源优化配置

产业结构是影响区域劳动力工资水平的最主要因素，因此要想缩小山西、北京、天津、河北四地劳动力工资的差距，必须优化区域产业结构。在区域产业结构调整中，应将晋－京津冀视为一个有机整体，明确晋－京津冀区域内各省市的功能定位和职能分工，根据各自的产业基础、劳动力水平、生产资源状况，规划好区域产业空间布局。在北京形成以科技创业、创新研发、总部经济、文化创意、现代服务为主的产业格局；在天津形成以高新技术、装备制造、信息技术、国际港口、现代服务为主的产业格局；河北和山西则在承接北京、天津所转移产业的同时，形成以现代农业、新型农业、生物制药以及新能源新材料为主的产业格局，并由此形成区域的产业集群。

在山西和河北承接从北京、天津转移出来的第二、第三产业时，如何做到业来人也来，使之能够吸引人、留住人，这涉及劳动力市场的配置问题；然而更重要的问题是，在突破晋－京津冀区域发展的瓶颈、合理调节四地产业的梯度布局中，劳动力市场一体化能够优化区域劳动力资源的配置，推动晋－京津冀经济社会共同发展。首先，劳动力市场一体化可以打破区域劳动力市场的制度、行政、技术分割，如城乡分割、产业分割、地区分割、部门分割等。劳动力的自由流动，可以推动区域劳动力依据市场的需求合理迁移，促进区域劳动力市场之间的相互融合，并通过一体化劳动力市场所具有的活力，打造引领区域经济高质量发展的动力源。其次，劳动力市场一体化能使区域形成统一的劳动力市场，公平竞争的市场机制使其得以发挥资源配置的基础性作用，并引导劳动力在区域间进行优化配置。这样不仅可使不同所有制间的劳动力资源得到重组和优化配置，满足民营企业、外资企业、国有企业等不同所有制企业对劳动力资源的不同需求，同时对劳动力资源做合理化的地域分工，可以科学调整区域的产业结构，因地制宜地打造区域的产业中心，推动产业升级，提高优势产业的竞争力，建立起协调的产业体系，促进区域经济平衡和协调发展，创造更多的社会财富。最后，劳动力市场一体化能使劳动力市场更加灵活和机动，避免或降低劳动力市场分割所造成的城乡、地区、行业、部门之间劳动力工资收入的差别，防止出现收入水平高者恒高、低者恒低的现象，这不仅会造成劳动力资源的浪费，而且会在一定程度上影响社会的稳定。而在相对统一的区域劳动力市场中，劳动力资源得以自由流动，相对完善的劳动力市场机制决定着劳动力的供求关系，市场的需求决定着劳动力的价格，这就促使区域劳动力的工资水平处于合理的范围内，并由此带动区域劳动者收入水平的均衡，促进社会的和谐与稳定。在山西、北京、天津、河北共同发展的背景下，产业转移是四地分工合作的重要途径，河北和山西作为四地经济发展不足的两个省份，积极承接京津两大中心城市的产业转移，实际上是尽快提升本地经济发展水平的捷径。总之，合理调整产业结构是实现晋 - 京津冀劳动力市场一体化的重要途径，产业结构调整能够引发区域劳动力就业结构的变革，促进晋 - 京津冀劳动力的自由流动，实现区域劳动力资源的优化配置。

三 通过放宽对户口迁移的限制，促进劳动力市场一体化

户籍制度作为我国行政管理体制的重要组成部分，在计划经济时代是隔绝城乡之间、区域之间劳动力自由流动的主要障碍。改革开放以来的一系列措施已经有效降低了户籍制度对劳动力流动的负面作用。因此，客观地讲，户籍制度本身已经不再是限制劳动力流动的主要障碍，问题在于与户籍制度挂钩的一系列歧视性的就业、社会保障和教育培训等方面的政策。

首先是就业政策的歧视。城市就业政策仍然将本地城市人口的就

业问题摆在优先地位。地方劳动局采用各种奖惩手段，鼓励用人单位雇用本地劳动力，限制和排斥外来劳动力。

其次是社会保障的歧视。目前城镇居民普遍享受着养老、医疗、失业、生育和工伤五项法定保险，而没有户口的外来人口的社会保障程度极低。社会保障体系基本上采用属地化管理，大部分社会保障措施都与户籍制度挂钩。因此，从社会保障的覆盖范围来看，上述五类社会保障基本上优先照顾拥有当地户口的城镇居民，没有户口的外来人口很难享受和参与现有的社会保障体制。在城市务工的农民工，基本上没有医疗保险和工伤保险，也没有养老金，他们只是趁着年轻在城市出卖自己的劳动力。目前中央政府和地方各级政府已经开始努力扩大社会保障的覆盖面。

最后是教育培训的歧视。这不仅表现在外来人口本身教育培训的机会较少，而且突出地表现在流动人口子女的受教育问题上。子女就学问题是流动人口面临的最大困难之一，流动人口子女的辍学、失学、超龄问题都比较突出。流动人口一般上不了城市公立学校，他们一般选择城市打工子弟学校和家乡的学校。显然，城市义务教育体系排斥流动人口子女的现状没有缓解，这一制约因素阻碍了劳动力的自由流动。

户籍制度改革一方面要继续放宽对户口迁移的限制，另一方面需要重点改变与户籍制度挂钩的就业、社会保障和教育培训等政策。第一，原则上来讲应该放宽落户的条件，按照稳定的住房、职业或者生活来源给予落户。第二，逐步放松对外来人口就业的职业限制，允许他们从事技术水平更高的职业。外来人口职业的分散化以及允许他们从事技术水平更高的职业，不仅可以吸引高素质的人才进入本地市场，而且可以提高外来人口的收入，解决社会保障和教育培训方面的歧视问题，扩大社会保障的覆盖面，让外来人口享有平等的教育培训机会。第三，将民办学校合法化，推动各城市兴办民办学校，为外来人口子女在城市接受教育创造机会，改变他们父母与子女长期分离的局面。

四　通过社会保障制度的改革促进晋－京津冀协同发展

社会保障是京津冀协同发展的重要制度基础，但北京、天津、河北三地的社会保障水平一直存在明显差距。河北绝大多数社会保障指标明显大幅度低于北京、天津，这在客观上加大了异地就业劳动者转移社会保险的难度，增加了劳动力迁移的制度成本，妨碍了区域间劳动力的自由流动。为此，应当进一步推进社会保障制度改革，缩小地区间养老保险、医疗保险等差距，避免人口过度集中于社会福利较高的地区。为实现京津冀劳动力市场一体化发展，可以从分离户籍背后的社会保障、福利政策入手，逐步实现户籍与教育、保险的剥离。此外，为促进晋－京津冀劳动力市场一体化，可以建立社会保障福利等值体系，即劳动力在晋－京津冀地区自由选择就业岗位的同时，不再考虑因地区差异带来的社会保障差距。该区域同一行业为劳动者提供的养老保险、医疗保险、失业保险、居民最低生活保障等制度及社保福利不仅在种类上趋同，在数值上也保证一致性，无差别地对待四地的劳动力，其目的是打破晋－京津冀劳动力流动失衡的局面。实际上，在实现社会保障区域一体化方面，由于受晋－京津冀财力、经济结构、城乡差距等客观因素的制约，不可能在短时期内实现均等化目标，只能逐渐缩小山西、北京、天津、河北之间的差距。以养老保险为例，养老保险是影响劳动力自由流动的另一个重要因素。显然，如果职工的养老保险无法在单位之间、区域之间顺利转移，那么劳动力流动的成本就会很高。养老金在地区之间转移困难，一个原因是各地区养老金管理条例的不一致，比如目前全国各地单位缴费的标准和养老金的支付水平并不一样。但更重要的是，由于各地社会统筹账户入不敷出，个人账户的资金常常被挪用来填补养老金的空缺，剩下的缺口则由中央政府和地方政府按比例分担。在这种情况下，一个职工跨省就业，即使养老金账户实现了转移，资金也没有转移过来。由于账户已经迁出，迁出地政府不再为其支付养老金，而迁入地的政府则因为需要负责其全部养老金而加重了财政负担，故也不愿意支付。因此，目前的养老保险基本是各省份各自为政，在省际实现养老金的转移还是颇为困难的。目前来看，要提高养老金的可转移性，首先要做的和能做的就是做实个人账户，允许个人账户转移的同时有资金转移。但如何在做实个人账户的同时提高养老金在区域间的转移性，则需要更多的具体政策，如全国统一的个人账户。其次，在做实个人账户并允许转移的基础上考虑解决社会统筹账户的转移。可以根据各省不同的缴费水平和支付水平，将职工在迁出地的社会统筹账户的资金折算成迁入地的社会统筹账户资金。最后，要拓宽养老金的投资渠道，使养老金有较高的回报率，这样才能吸引更多的人参加养老保险，从而缩小养老金的缺口，加快养老金积累速度。

第七章
山西对外贸易基础

第一节　山西省经济增长的驱动因素分析

资源型区域的经济类型不同于农业型地区、加工型地区和服务型地区。资源型区域的经济类型主要指以本地区矿产、森林等自然资源的开采加工为主导产业，以牺牲环境为代价，以大规模的资源耗费为特征，山西煤炭开采尤为突出。

判断资源型区域的方法，通常采用资源型产业地区 GDP 区位熵 S_1、资源型产业劳动力区位熵 S_2、煤炭开采与洗选业的专门化指数 S_3 三个指标。表 7 - 1 为 31 个省份资源型产业的区位熵（S_1，S_2，S_3）汇总。

表 7 - 1　31 个省份资源型产业的区位熵（S_1、S_2、S_3）汇总

区位熵	北京	山西	天津	河北	内蒙古	辽宁	吉林	黑龙江
S_1	4.67	28.82	20.21	15.04	17.37	17.46	10.24	24.38
S_2	0.81	6.51	2.45	2.49	2.98	2.65	2.07	2.73
S_3	0.23	10.41	0.02	0.88	3.66	0.54	0.50	1.03
区位熵	上海	江苏	浙江	安徽	福建	江西	山东	河南
S_1	7.79	9.74	4.74	9.41	5.42	9.91	16.24	13.87
S_2	1.17	1.51	0.82	1.72	1.28	1.68	2.36	2.70
S_3	0	0.24	0.01	1.88	0.30	0.46	1.67	2.20

区位熵	湖北	湖南	广东	广西	海南	重庆	四川	贵州
S_1	7.17	8.96	7.06	6.20	5.11	6.14	9.70	9.79
S_2	1.36	1.77	1.09	1.34	0.58	1.90	2.17	2.38
S_3	0.05	0.53	0	0.10	0	0.71	0.73	1.53

区位熵	云南	西藏	陕西	甘肃	青海	宁夏	新疆	
S_1	9.33	2.36	20.33	16.02	24.97	13.20	26.31	
S_2	1.64	0.83	0.83	2.95	2.85	3.16	2.09	
S_3	0.40	0.02	1.82	0.68	0.48	3.04	0.50	

资料来源：根据《中国工业经济统计年鉴 2007》整理。

　　根据纳尔逊临界值的计算方法，可以得出 S_1 的纳尔逊指标值为 19.62，山西、天津、黑龙江、陕西、青海、新疆属于资源型地区；S_2 的纳尔逊指标值为 3.14，山西、宁夏属于资源型地区；S_3 的纳尔逊指标值为 3.04，山西、内蒙古、宁夏属于资源型地区。可见，不论从何种指标考察，山西都很明显地显示为典型的资源型地区。

　　作为典型的资源型地区，山西省具备资源型区域经济现状的普遍特征。具体如下。

　　第一，山西基础设施薄弱。城市建设缺乏宏观布局设计和规划，社会服务功能相对较差，对于经济的可持续发展缺少文化、交通、通信等条件的支撑。

　　第二，山西土地、劳动力等生产要素充裕。土地等生产要素集聚，并且拥有大量的廉价劳动力，凸显资源配置的效率低下。

　　第三，山西产业结构严重失衡，单一化明显。长期以来，山西一煤独大，煤炭工业的比较优势明显，大量资金、人才等生产要素投向煤炭领域，逐渐形成资源型经济的"抽水机"效应。然而投资结构单一，大量依靠资本投入、低成本的劳动力以及大规模的资源消耗，形成了单一化、重型化的产业结构。

　　第四，山西融资能力低下，投资渠道狭窄。由于资源开发具有投资规模大的特点，因此投资方多为大型国有企业，政府在经济建设过程中大量依靠财政投融资，以直接投融资为主。

第五，山西对外开放滞后，创新能力不足。在中部六省中，山西进出口能力倒数第一，不增反降，如图7－1所示。

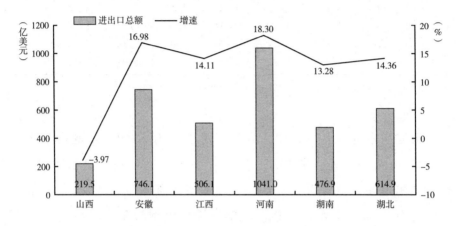

图7－1　2020年中部六省对外经济情况

第六，节能减排、环境保护等生态问题日益凸显。作为全国重要的能源重化工以及煤炭生产基地，山西在长期大规模地开采煤炭资源的同时，对于生态环境的破坏已经到了不可逆的地步。目前，生态文明建设、生态环境改善已经成为山西经济可持续发展的一个重要指标。

由此可见，山西深化改革任务艰巨。要加快资源型经济转型，推进山西转型综改试验区建设，继续加快产业转型、民生改善、生态修复、对外开放，建立开放型体制机制。本书将购买力平价理论应用于山西经济转型发展的实践，测度山西经济发展与京津冀区域经济一体化的程度。这既为山西资源型经济转型发展注入"强心针"，也为提升区域经济一体化竞争力、我国统一市场建设提供理论和实证的支持。

第二节　山西的煤炭贸易因素分析

山西是典型的资源型大省，煤炭资源丰富。长期以来，山西都是依靠粗放的掠夺和环境的污染为代价开采煤炭资源，以此来发展经济。2008 年以来，山西作为资源综合改革试验区，推动煤炭资源整合，努力转型自身经济增长方式，寻求新的经济发展动力。这为山西煤炭运输和周边地区经济合作增添了新的动力，对促进区域经济一体化和山西地区经济发展发挥了积极作用。国内对区域经济一体化的研究主要集中在一体化程度指标的测度，以此判断中国区域经济一体化程度的大小。测度区域经济一体化的指标如下：劳动力流动（Kumar，1994），区域间价格水平的差异和波动（喻闻、黄季，1998），投入产出表中的国内贸易流量（Naughton，1999），资本流动（鲁晓东、李荣林，2009），市场潜力（赵永亮、才国伟，2009），等等。刘育红和王曦（2014）认为贸易流量是测度区域经济一体化的理想指标。

一　模型构建和数据说明

引力模型（gravity model）最初指物理学中的万有引力定律，两个物体之间的引力与它们的质量成正比，与距离成反比。该模型被广泛应用于不同的领域：在国际贸易领域，引力模型研究世界贸易流量方向和规模的问题，说明两地区的 GDP 和距离对双边贸易的影响；在区域经济领域，引力模型研究区域经济一体化对区域内成员经济的影响，首次引用虚拟变量即区域贸易优惠安排等。引力模型用两个地区间的贸易合作来分析区域经济一体化的理论，是贸易模型当中最成功、成熟的模型，即两地之间的贸易与两地之间的经济规模成正比，与距离成反比。该模型的原始形式为

$$T_{ij} = A(Y_i^{a_1} Y_j^{a_2})/D_{ij}^{a_3} \qquad\qquad (7-1)$$

其中，T_{ij} 表示两个国家或地区的贸易额；Y_i 和 Y_j 分别表示两个国家或地区的 GDP；D_{ij} 表示两个国家或地区之间的空间距离。

我国幅员辽阔，各个省份经济发展水平有着较大的差异，如处于沿海地区的上海、福建等地区经济规模较大，经济发展水平较高，处于内陆地区的山西等地区经济规模较小，经济发展水平较低。山西与京津冀区域相邻，所以地理距离、经济总量和运输成本、资源税的征收应该是影响山西对其他省份煤炭运输量的重要因素。本部分对引力模型进行了拓展，运用于分析山西煤炭外运到全国各省的煤炭运输量和经济总量等相关变量之间的关系，并增设了外生变量铁路、公路里程、是否属于京津冀区域经济合作，同时也保留了贸易分析中经常使用的常规变量，即 GDP、两地区之间距离[①]。

样本数据具有可获得性，山西对各省份的煤炭外运量（铁路运量和公路运量）的数据来源于山西煤炭工业厅统计；距离由 Poncet 估计法计算而得，其中各省份面积数据来自中国经济统计数据库；各省份 GDP、铁路里程和公路里程相关数据来自 Wind 数据库；资源税数据来自中国经济统计数据库。选取山西对全国 31 个省份的煤炭外运量为研究对象，对 2004～2013 年山西煤炭外运量情况进行分析，构造山西煤炭外运量引力模型（模型变量含义见表 7－2）。面板数据时间序列较短，但全国各地市几乎没有不需要煤炭的，因而该面板数据可以反映山西煤炭外运量的主体格局。利用该面板数据分析具有一定的可操作性，结果说服力较强。根据不同被解释变量分别构造两个模型。

---

① 区域之间距离的估算采用 Poncet（2003）估计法，假设区域间贸易距离与区域面积有关，计算公式：$D_{ij} = \sqrt{\dfrac{S}{\pi}}$。

第一，引力模型的被解释变量是山西煤炭铁路外运量，构造模型一：

$$\ln railway_{it} = a_0 + a_1 \ln gdp_{it} + a_2 \ln sxgdp_{st} + a_3 \ln tax_{it} + a_4 d_{it}$$
$$+ a_5 \ln mileager_{it} + a_6 \ln mileagerr_{it} + a_7 \ln dis_{it} \quad (7-2)$$
$$+ a_8 jjj + \varepsilon_{it}$$

第二，由于山西地处内陆，煤炭运输只能依靠铁路和公路运输，其中铁路外运量远远大于公路外运量，把铁路和公路加总的煤炭外运量作为被解释变量构造模型二：

$$\ln total_{it} = \alpha_0 + \alpha_1 \ln gdp_{it} + \alpha_2 \ln sxgdp_{st} + \alpha_3 \ln tax_{it} + \alpha_4 d_{it}$$
$$+ \alpha_5 \ln mileager_{it} + \alpha_6 \ln mileagerr_{it} + \alpha_7 \ln dis_{it} \quad (7-3)$$
$$+ \alpha_8 jjj + \varepsilon_{it}$$

表 7 - 2　山西煤炭外运量引力模型变量含义及其系数符号说明

变量	含义	预期符号
$railway$	山西煤炭依靠铁路运向各省份的煤炭外运量	+
$total$	山西煤炭依靠铁路和公路运向各省份的煤炭总外运量	+
gdp	各省份的 GDP	+
$sxgdp$	山西的 GDP	+
tax	各省份的资源税税额	−
d	2008 年虚拟变量，2008 年以前 $d=0$；2008 年之后 $d=1$	+
$mileager$	中国铁路里程	+
$mileagerr$	中国公路里程	+
dis	各省份之间的距离	−
jjj	京津冀地区虚拟变量，$jjj=1$；非京津冀地区，$jjj=0$	+
ε	影响山西煤炭外运量的其他因素置入残差项中	

变量选取思路如下。

第一，山西煤炭外运有公路运输和铁路运输两种运输方式。山西通过煤炭与全国各省份建立联系，山西的经济增长也主要依靠煤炭资源，因此把山西煤炭铁路外运量、山西煤炭总外运量作为建立引力模型的被解释变量，以此分析山西经济发展的主要因素。这一指标是建立引力模型的最优选择。

第二，用 GDP 变量反映宏观经济对山西煤炭外运量的影响。

第三，相关资源税的征收肯定会影响到煤炭外运的成本。2014年12月31日之前有关资源税的征收是按量征收，2015年1月1日开始调整为按价征收，因此本模型的数据时间跨度是 2004～2020 年。资源税的征收一定程度上会影响山西煤炭外运量。

第四，虚拟变量。其一，2008 年前后。2008 年全国开始资源整合，共有9个综合改革实验区，山西成为全国最大的综改试验区。煤炭资源整合后，将彻底告别小煤窑时代，进入现代化大矿时期。理论上资源整合能更好地促进山西煤炭外运量的增加。其二，是否为京津冀地区。山西和京津冀地区有经济合作的基础，山西融入京津冀一体化发展有利于增加其煤炭外运量，促进其经济发展。

第五，中国铁路和公路里程变量的选取主要考虑基础设施的改善对于山西煤炭外运量是否为促进作用。

如图 7-2 所示，从全国范围来看，涉及山西煤炭外运量较大并且呈现逐年持续上升趋势的省份有河北、江苏和山东；有山西煤炭外运的情况但需求不大的省份有北京、天津、内蒙古、上海、浙江、河南、湖北、湖南、广东、广西；考虑到煤炭外运的运输成本或当地也是煤炭资源丰富的省份等其他因素，涉及山西煤炭外运量很少甚至没有的省份有吉林、黑龙江、江西、广西、海南、重庆、四川、贵州、云南、西藏、陕西、甘肃、青海、宁夏和新疆。由此可见，山西选择区域经济合作的对象，应该在内陆省份，尤其山西周边地区，而京津冀区域是最佳选择。

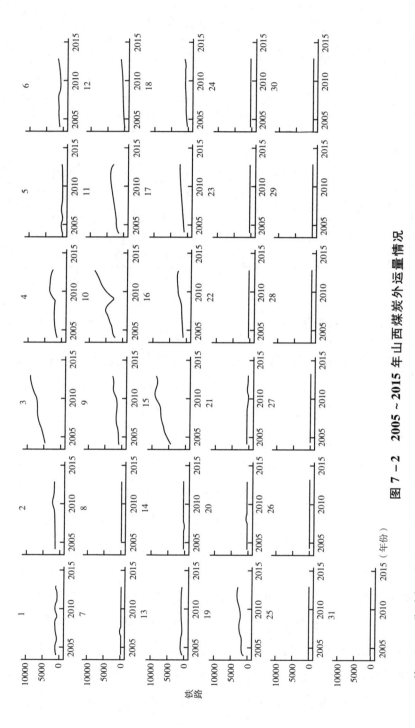

图 7-2　2005~2015 年山西煤炭外运量情况

注：1~31 分别表示北京、天津、河北、山西、内蒙古、辽宁、吉林、黑龙江、上海、江苏、浙江、安徽、福建、江西、山东、河南、湖北、湖南、广东、广西、海南、重庆、四川、贵州、云南、西藏、陕西、甘肃、青海、宁夏、新疆。

考虑到各地区物价影响，对以上变量做缩放处理，引力模型各变量的描述性统计如表 7-3 所示。

表 7-3　引力模型各变量的描述性统计

变量	样本个数	均值	方差	最小值	最大值
railway	309	1251.59	2034.45	0	9442.67
total	309	2026.90	4577.98	0	37851.15
tax	300	1392.92	1898.77	14.90	14204.50
mileager	307	2777.88	1683.08	221.70	10203.31
mileagerr	310	113358.90	68067.27	7805.00	301816.00
dis	310	79.57	47.56	1.23	230.21

二　实证回归分析

经过平稳性检验，本部分经过 Stata 11.0 软件的处理，运用回归方法即混合回归、固定效应回归、随机效应回归并进行 Hausman 检验。被解释变量山西煤炭铁路外运量作为主要变量，山西煤炭总外运量为替代变量，作为稳健性考虑。

分别以山西煤炭铁路外运量和山西煤炭总外运量为被解释变量建立模型一和模型二，回归结果如表 7-4 所示。通过观察混合回归结果发现，模型回归结果的拟合优度比较高且都显著，从每个解释变量的系数可以看出，全国各省份的经济总量（ln*gdp*，ln*sxgdp*）对山西煤炭外运量的影响产生了不同的结果，全国各省份 GDP 的增加会促进山西煤炭外运量的增加，而山西本省的 GDP 对山西煤炭外运量产生了负的效应，并且山西省经济总量的影响比其他省份的影响大；距离（ln*dis*）和煤炭外运量之间成反比，运输距离越长，煤炭外运量越少，究其原因，距离远运输成本就高、阻碍就大；资源税（ln*tax*）和虚拟变量（*d*）与煤炭外运量产生正的效应；铁路里程（ln*mileager*）

和公路里程（ln*mileagerr*）与煤炭外运量产生一负一正的效应；虚拟变量（*jjj*）表示对京津冀地区和山西煤炭外运量的影响是否正效应。该混合回归的结果与预期不符，故考虑采用更适合面板数据的固定效应模型与随机效应模型进行估计。

表7-4 山西煤炭外运量引力模型混合回归结果

		变量	ln*gdp*	ln*sxgdp*	ln*dis*	ln*tax*	ln*mileager*	ln*mileagerr*	*jjj*	*d*
模型一	普通标准差	系数	3.622	-5.798	-0.258	0.811	-1.087	1.206	2.123	0.277
		标准差	0.359	0.807	0.190	0.182	0.342	0.306	0.490	0.538
模型二	普通标准差	变量	ln*gdp*	ln*sxgdp*	ln*dis*	ln*tax*	ln*mileager*	ln*mileagerr*	*jjj*	*d*
		系数	3.341	-5.920	-0.137	1.053	-1.170	1.160	2.603	0.310
		标准差	0.381	0.857	0.202	0.193	0.363	0.324	0.520	0.571

分别以山西煤炭铁路外运量和山西煤炭总外运量作为被解释变量建立模型三和模型四，如表7-5所示。通过观察固定效应回归结果发现，对山西煤炭铁路外运量产生正的效应影响的变量有全国31个省份的经济总量、公路里程；虚拟变量（*jjj*，*d*）也对煤炭外运量有促进作用，即京津冀区域对山西煤炭外运量有正效应，2008年资源整合政策也对山西煤炭外运量有正效应；对山西煤炭外运量产生负效应的因素有山西本地的经济总量（ln*sxgdp*）和资源税的征收（ln*tax*）。

表7-5 山西煤炭外运量引力模型固定效应回归结果

		变量	ln*gdp*	ln*sxgdp*	ln*dis*	ln*tax*	ln*mileager*	ln*mileagerr*	*jjj*	*d*
模型三	普通标准差	变量	ln*gdp*	ln*sxgdp*	ln*dis*	ln*tax*	ln*mileager*	ln*mileagerr*	*jjj*	*d*
		系数	0.660	-0.172	0.234	-0.110	-0.2648	0.402	（略）	0.005
		标准差	0.584	0.590	0.298	0.165	0.325	0.223		0.168
	稳健标准差	变量	ln*gdp*	ln*sxgdp*	ln*dis*	ln*tax*	ln*mileager*	ln*mileagerr*	*jjj*	*d*
		系数	0.660	-0.172	0.234	-0.110	-0.265	0.402		0.005
		标准差	0.661	0.662	0.126	0.126	0.906	0.193		0.158

续表

		变量	lngdp	lnsxgdp	lndis	lntax	lnmileager	lnmileagerr	jjj	d
模型四	普通标准差	系数	0.537	0.267	0.355	-0.184	-0.577	0.388	（略）	-0.07
		标准差	0.590	0.595	0.301	0.167	0.328	0.225		0.169
	稳健标准差	变量	lngdp	lnsxgdp	lndis	lntax	lnmileager	lnmileagerr	jjj	d
		系数	0.537	0.267	0.355	-0.184	-0.577	0.388		-0.07
		标准差	0.763	0.785	0.114	0.162	0.690	0.224		0.177

分别以山西煤炭铁路外运量和山西煤炭总外运量作为被解释变量建立模型五和模型六，如表7－6所示。通过观察随机效应回归结果发现，对山西煤炭铁路外运量产生正的效应影响的变量有全国31个省份的经济总量和距离、铁路和公路里程；虚拟变量（jjj, d）也对煤炭外运量有促进作用，即京津冀区域对山西煤炭外运量有正效应，2008年资源整合政策也对山西煤炭外运量有正效应；对山西煤炭外运量产生负效应的因素有山西本地的经济总量（lnsxgdp）和资源税的征收（lntax）。

表7－6　山西煤炭外运量引力模型随机效应回归结果

		变量	lngdp	lnsxgdp	lndis	lntax	lnmileager	lnmileagerr	jjj	d
模型五	普通标准差	系数	1.220	-1.267	0.051	-0.008	0.150	0.557	3.130	0.104
		标准差	0.520	0.578	0.275	0.158	0.289	0.222	1.313	0.179
	稳健标准差	变量	lngdp	lnsxgdp	lndis	lntax	lnmileager	lnmileagerr	jjj	d
		系数	1.220	-1.267	0.051	-0.008	0.150	0.557	3.130	0.104
		标准差	0.603	0.698	0.246	0.163	0.754	0.201	0.868	0.164
模型六	普通标准差	变量	lngdp	lnsxgdp	lndis	lntax	lnmileager	lnmileagerr	jjj	d
		系数	0.948	-0.849	0.122	-0.028	-0.020	0.589	3.465	0.045
		标准差	0.537	0.595	0.284	0.162	0.298	0.229	1.373	0.183
	稳健标准差	变量	lngdp	lnsxgdp	lndis	lntax	lnmileager	lnmileagerr	jjj	d
		系数	0.948	-0.849	0.122	-0.028	-0.020	0.589	3.465	0.045
		标准差	0.658	0.788	0.244	0.169	0.620	0.202	1.056	0.177

判断随机效应模型和 OLS 模型选择，进行 Breusch and Pagan Lagrangian multiplier 检验。由模型五和模型六可知，$chi2$（1）= 515.02、$chi2$（1）= 528.68，F 统计量和伴随概率 p 值小于 0.05，故应该选择随机效应。

判断随机效应和固定效应的选择，进行 Hausman 检验。对于以山西煤炭铁路外运量为被解释变量的模型，检验结果 $chi2$（7）= 65.16，$prob > chi2 = 0.0000$；对于山西煤炭铁路、公路总外运量为被解释变量的模型，检验结果 $chi2$（7）= 215.28，$prob > chi2 = 0.0000$，则全部拒绝原假设，故选择固定效应模型。

三　实证回归结果

观察全部模型回归，结果如表 7 - 7 所示。

表 7 - 7　全部模型混合回归、固定效应和随机效应分析结果

变量	OLS	Fe1_robust	Re1_robust
lngdp	3.622	0.537	0.948
ln$sxgdp$	- 5.798	0.267	- 0.849
lndis	- 0.026	- 0.055	0.122
lntax	0.811	- 0.184	- 0.028
ln$mileager$	- 1.087	- 0.577	- 0.020
ln$mileagerr$	1.206	0.388	0.589
jjj	2.123	omitted	3.465
d	0.277	0.005	0.045

注：Fe1_ robust 和 Re1_ robust 表示以山西煤炭总外运量为被解释变量的固定效应和随机效应稳健性结果。

经过上述模型分析，由于重要的解释变量存在符号与预期不相符的情况，故考虑模型可能存在内生性及联立因果的问题，引入因变量

ln*railway* 的一阶滞后变量，并考虑他省 GDP 与山西 GDP，和山西运往各省的煤炭出口量可能存在联立因果的关系，即当他省 GDP 增加时，对山西的煤炭需求增大，而随着山西对他省的煤炭出口量的增加，他省工业增加值可能增大，进而 GDP 增长，山西 GDP 与煤炭运量具有相同的因果联系。故将山西 GDP 以及他省 GDP 的对数设定为内生解释变量，用各自的滞后二阶变量作为工具变量来代替当期 GDP 值。采取差分 GMM 估计法，分别用一步 GMM 及两步 GMM 估计法进行对比分析，结果如表 7 - 8 所示。

表 7 - 8 差分 GMM 估计法

变量	Onestep GMM	Twostep GMM	Onestep GMM robust	Twostep GMM robust
ln*railway* L1	- 0. 058728 (0. 1136939)	- 0. 0930764 *** (0. 03414)	- 0. 058728 (0. 2290873)	- . 0930764 (9. 001848)
ln*gdp*	0. 238298 (0. 6983155)	0. 2299945 (0. 2696331)	0. 238298 (1. 256067)	0. 2299945 (98. 84114)
ln*sxgdp*	0. 0505859 (0. 7061104)	0. 1438786 (0. 2619876)	0. 0505859 (1. 152898)	0. 1438786 (107. 7415)
ln*dis*	- 0. 4176316 (0. 3974769)	- . 0666344 (0. 208339)	0. 4317186 (0. 4544797)	- 0. 0666344 (6. 65628)
ln*tax*	- 0. 1090636 (0. 1898742)	- 0. 1087525 *** (0. 0340326)	- 0. 1090636 (0. 1925668)	- 0. 1087525 (5. 805643)
ln*mileager*	0. 4317186 (0. 3540775)	0. 2581259 (0. 1806007)	0. 4317186 (0. 4544797)	0. 2581259 (11. 57952)
ln*mileagerr*	0. 1662169 (0. 2176947)	0. 1754328 *** (0. 0302302)	0. 1662169 (0. 1239137)	0. 1754328 (4. 264603)
jjj	(omitted)	(Omitted)	(omitted)	(omitted)
d	- 0. 029469 (0. 1408335)	- 0. 0548711 * (0. 0318208)	- 0. 029469 (0. 1086221)	- 0. 0548711 (7. 887219)

变量	Onestep GMM	Twostep GMM	Onestep GMM robust	Twostep GMM robust
cons	− 2. 15258 (6. 215831)	− 3. 566221 * (2. 097559)	− 2. 15258 (5. 813411)	− 3. 566221 (309. 3287)

注：Onestep GMM 为一步差分 GMM 估计法，Twostep GMM 为两步差分 GMM 估计法，Onestep GMM robust 为一步差分系数方差的稳健性估计，Twostep GMM robust 为两步差分系数方差的稳健性估计；括号内为系数的标准差，*** 、** 、* 分别表示在 1% 、5% 、10% 的水平下显著。

结果分析如下。

第一，全国各省份的 GDP 系数为正，和预期符号一致。说明经济增长和山西煤炭总外运量有正效应，如果想增加山西的煤炭外运量，需要全国经济总量不断提高，包括山西本省的经济总量的增加，但是从系数的大小来看，山西煤炭外运量更多的是来自本省以外的地区。他省 GDP 对于山西煤炭外运量的影响较大，系数在 0.23 左右，该系数表明，他省 GDP 每增加 1% ，则山西煤炭外运量增加 0.23% 。山西本省 GDP 与煤炭运量具有正向关系，由一步差分 GMM 估计的系数在 0.05 左右，而由两步差分估计的系数在 0.14 左右，这表明，山西 GDP 每增加 1% ，则山西煤炭外运量增加 0.05% ~ 0.14% 。通过上述系数对比可知，对山西煤炭外运量影响更大的是他省 GDP 。

第二，区域间的距离 ln*dis* 的系数为负，与预期结果一致，并且显著。说明两地间的距离越远，煤炭外运量就越少，可能考虑运输成本会对山西煤炭外运量的增加产生阻碍作用。ln*dis* 由一步差分 GMM 法估计的系数约为 − 0.42，由两步差分 GMM 法估计的系数约为 − 0.07，这表明外省与山西的距离每增加 1% ，则山西煤炭外运量减少 0.07% ~ 0.42% 。

第三，资源税和煤炭外运量之间呈负效应，与预期结果一致。

ln*tax* 的系数 －0. 109，表明资源税的征收每增加 1%，山西煤炭外运量下降 0. 109%，煤炭交易成本增加会阻碍山西煤炭外运量增加。

第四，铁路里程（ln*mileager*）和公路里程（ln*mileagerr*）的系数符号均为正，表明山西的基础设施完善对于山西煤炭外运量具有正向的促进作用。其中，铁路里程数由一步差分 GMM 法估计的系数为 0. 43，由两步差分 GMM 法估计的系数为 0. 26。这表明，山西的铁路里程每增加 1%，则山西的煤炭外运量将增加 0. 26% ~ 0. 43%。山西的公路里程数分别由一步差分 GMM 法与两步差分 GMM 法估计的系数分别约为 0. 17 与 0. 18，这表明山西的公路里程数每增加 1%，则山西煤炭外运量增加 0. 17% ~ 0. 18%。通过比较公路里程数与铁路里程数的系数发现，山西铁路里程数对于煤炭外运量的影响系数更大。

第五，京津冀地区对山西煤炭外运量是否也有一定的影响？由于差分 GMM 估计法并不能估计出该虚拟变量的系数，但从上述模型结果可以看到虚拟变量的系数为正，说明京津冀地区对山西煤炭外运量起到促进作用。

第六，2008 年山西实施资源综合改革这一重要措施作为虚拟变量与预期符号相反，在政策的影响下对山西煤炭外运量起到明显的抑制作用。可能考虑资源整合对于山西煤矿发展更加重视煤炭开采安全方面，山西煤炭市场垄断增加，因此自 2008 年资源综合改革措施实施以来，山西煤炭外运量反而下降，对于山西经济发展在一定程度上存在阻碍作用。

第八章

区域经济一体化的规制壁垒

第一节　区域经济一体化的制度环境评估

通过对山西融入京津冀一体化发展特征的考察可知，无论是商品市场还是要素市场，其一体化程度虽逐步提高，但仍然存在较大的分割，这意味着经济一体化的发展仍然受到多种因素的制约。我国各地经济发展呈现的普遍特征是，在实体经济发生深刻变化的同时，制度或正式法律及监管框架的调整非常有限。

没有制度创新便没有区域经济一体化。首先，要从不同维度系统考察山西融入京津冀一体化发展的制度环境，包括政府对市场的规制状况以及企业的营商环境和贸易便利化水平。其次，在了解规制现状的基础上识别和分析阻碍市场竞争和经济一体化的行政壁垒和环境规制。

一　市场规制负担

在从计划经济体制向市场经济体制转型的过程中，我国政府对经济的干预超出了合理需要的范畴，一些该简政放权、放松规制的市场领域依然保留着强大的政府规制。如果一个组织将精力投入无效的、非生产性的活动，那么制度的缺陷必然会产生从事这类活动的激励机制。过度的规章制度，既增加了市场的规制负担，又提高了政府的管理成本，阻碍了经济的自由竞争发展。本节从不同角度评估经济圈的市场规制负担，以全面考察区域内政府规制情况，从而有针对性地提出改革建议。

（一）产品市场的规制负担

公平竞争的产品市场环境，应该能够使新企业挑战老企业，使高效的企业成长、低效的企业退出，从而促进国家经济增长和居民生活水平提高。建立公平竞争的市场环境需要有两个主要要素作为根本保证。第一，产品市场规制不应该阻碍竞争；第二，有效的反垄断框架需要以保障企业间公平竞争的方式进行设置。经合组织（OECD）在这两者涉及的政策领域构建了一个全面的、国与国之间具有可比性的测度指标体系，以此衡量某项政策是促进还是抑制了产品市场的竞争，该指标体系衡量了整个经济的法规和市场环境，从而考察产品市场的政府规制负担。

产品市场规制指标体系由经合组织开发，反映政府对产品市场的整个经济层面的规制水平。它涵盖了各领域的一般性监管问题，如公共采购和价格控制、行政规制壁垒、贸易投资壁垒等。总体上，该指标体系的一级指标包括国家介入导致的扭曲和国内外进入壁垒。国家介入导致的扭曲控制指标反映了政府控制的存在程度。其中，公有制反映了国家对公共部门的控制程度和管理水平，通常以国有成分参与的比重来衡量。例如，国有产权在网络型部门如能源、运输、电信中的比重，政府在私人企业中的特别投票权和国有控股权的范围。业务运营参与指标主要表现在政府对一些主要的竞争性或服务部门（如航空、公路及铁路运输、零售、专业服务、移动通信等）实施的价格控制和强制性命令控制程度。国内外进入壁垒指标衡量了企业开办、运营过程中的规制负担和贸易投资壁垒，如创办新企业的行政负担（获取执照的难易、政府审批的复杂性等)、服务部门和网络型部门的障碍、本国在投资和贸易方面对外国的限制程度等。例如，外国直接投资壁垒（如外国对国内公司企业股权购买的限制程度）、关税壁垒、对外国企业的差别待遇以及贸易便利化壁垒等。该体系的一级指标下各设置了二级指标，二级指标下各设置了三级指标（共 18 个），各个指标的设定如图 8 - 1 所示。

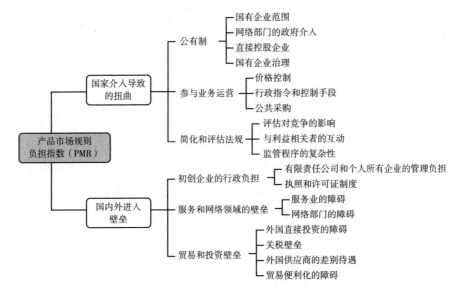

图 8 - 1　OECD 产品市场规制指标体系

资料来源：OECD Product Market Regulation Database。

在 18 个具体指标中，分别设有一系列问题，由观测人员对每个指标进行打分，分值在 0 ~ 6，反映规制者对竞争的限制程度。分值越接近 0，表示规制越缓和；越接近 6，表示规制越严格。各个指标的评分乘以各自的权重后再加总，即得到 18 个三级指标的评分。三级指标的评分乘以各自权重再加总可得到二级指标的评分。类似地，再将二级指标的分数乘以权重再加总，最后得到一级指标的评分。于是，最后计算得出的产品市场规制负担指数（PMR）仍然介于 0 ~ 6，指数越小意味着该国产品市场的规制负担越轻，经济自由化水平越高；指数越大，表明该国的规制负担较重，需进一步加强规制改革。

根据上述指标体系，2018 年我国的产品市场规制负担指数约为 2.99（见表 8－1），在所有参与指数指定的 52 个国家中排名倒数第一。其中，国家介入导致的扭曲指数为 4.05，国内外进入壁垒指数为 1.93，总指数和 3 个一级指标指数在 47 个主要国家中均排名靠后。与 38 个 OECD 国家的 PMR 指数平均值 1.43 相比差距甚大，这表明我国各地区需要深化政府规制改革，进一步减轻产品市场规制负担。

表 8－1　部分国家 PMR 指数

国家	PMR	国家	PMR	国家	PMR
英国	0.780303061	爱尔兰	1.384962916	加拿大	1.756216168
丹麦	1.023165464	智利	1.408499181	塞浦路斯	1.800541818
西班牙	1.030317545	以色列	1.414094448	阿尔巴尼亚	1.820772171
德国	1.081647485	克罗地亚	1.433284521	罗马尼亚	1.861251295
荷兰	1.097613096	奥地利	1.439355433	保加利亚	1.929374754
瑞典	1.114501208	日本	1.440528154	哥伦比亚	2.041814923
挪威	1.150896221	冰岛	1.441680610	塞尔维亚	2.104091167
澳大利亚	1.163802236	波兰	1.450290620	哈萨克斯坦	2.12352860
立陶宛	1.185324043	斯洛伐克	1.522708952	俄罗斯	2.229142964
拉脱维亚	1.280287266	马耳他	1.537799120	土耳其	2.278851628
爱沙尼亚	1.287265122	希腊	1.556026757	哥斯达黎加	2.316910863
斯洛文尼亚	1.289845109	法国	1.573799253	南非	2.525295734
捷克	1.298294067	墨西哥	1.607859612	巴西	2.580705762
匈牙利	1.316536307	卢森堡	1.678460717	阿根廷	2.647691369
意大利	1.316977262	比利时	1.689176083	印度尼西亚	2.881594658
葡萄牙	1.344809592	朝鲜	1.705384016	中国	2.987247586
芬兰	1.368777156	美国	1.709309518		

资料来源：OECD Product Market Regulation Database。

（二）非制造业部门的市场规制负担

为全面考察市场规制负担指标体系，补充完善产品市场规制负担指标体系，下面考察非制造业部门的政府规制负担。由于非制造业部门的行业较多，本部分重点考察关系国计民生的、具有基础性和代表性的行业，主要涵盖网络型部门、零售分销部门和专业服务部门。

1. 网络型部门市场规制负担

本部分研究的网络型部门主要涵盖 8 个观测部门——电力、燃气、航空、铁路、公路、水运、邮政、电信，并将这 8 个观测指标归纳为 3 个一级指标——能源、交通和通信，最后整合为网络型部门的综合观测指标 ETCR。8 个二级指标下均各设置了 2 个三级观测指标，如图 8-2 所示。

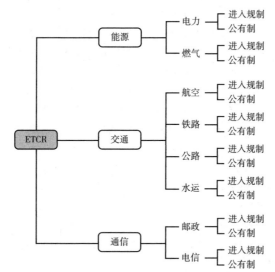

图 8-2 OECD 网络型部门市场规制指标体系

根据图 8-2，类似于产品市场综合指数的计算方法，2018 年我国网络型部门的市场规制负担综合指数约为 3.64，在 52 个国家中排名倒数第二，规制负担沉重（见表 8-2）。其中，能源规制指数为 3.57，交通规制指数为 3.19，通信规制指数为 4.6，可以看出我国网络型部门负担很重。与发达国家如英国（0.56）、丹麦（0.99）和美国（1.01）相比，中国与世界先进国家的差距很大，同时也落后于南非（2.59）等主要发展中国家。这意味着我国各省网络型部门规制负担沉重，需要深化改革。由于上述网络型部门存在一些制度弊端，因此需要扫除各种规制障碍，加大国有企业改革力度，尽快建立公平竞争的市场环境，充分释放市场和企业活力。

表 8 - 2　部分国家 ETCR 指数

国家	ETCR	国家	ETCR	国家	ETCR
英国	0.559523797	比利时	1.398293056	卢森堡	1.798183709
荷兰	0.974145364	哥伦比亚	1.407744423	墨西哥	1.879633687
丹麦	0.992327391	斯洛伐克	1.408105198	以色列	1.899782028
美国	1.013719082	马耳他	1.443455202	土耳其	1.936172441
意大利	1.064440958	智利	1.485951457	巴西	1.944704436
德国	1.076638665	日本	1.487124413	立陶宛	1.945646420
冰岛	1.081222966	匈牙利	1.501821449	韩国	1.975564800
西班牙	1.089814583	芬兰	1.520592581	阿根廷	2.575491726
澳大利亚	1.123454675	克罗地亚	1.533612844	瑞士	2.592071742
希腊	1.188063398	拉脱维亚	1.577296056	南非	2.593793891
葡萄牙	1.223187957	塞浦路斯	1.583928565	哈萨克斯坦	2.599529728
捷克	1.226178784	波兰	1.632809523	塞尔维亚	2.627887845
爱尔兰	1.257154314	法国	1.684554689	哥斯达黎加	2.958881361
奥地利	1.299935166	新西兰	1.698490210	俄罗斯	3.043280274
爱沙尼亚	1.330959260	罗马尼亚	1.732653167	中国	3.639414430
加拿大	1.338163950	斯洛文尼亚	1.741857782	印度尼西亚	4.045427263
保加利亚	1.350903777	挪威	1.759129144		
瑞典	1.353800822	阿尔巴尼亚	1.763836507		

注：ETCR 为网络型部门的综合观测指标。
资料来源：OECD Product Market Regulation Database。

2. 零售分销部门市场规制负担

零售分销部门的市场规制指标体系如图 8 - 3 所示，共包括 4 个指标。根据该指标体系,我国零售分销部门市场规制负担包括注册和许可的市场进入规制、店铺营业时间的规制、价格规制和线上销售规制。2018 年我国零售分销部门市场规制负担综合指数为 2.49 (见表8 - 3)。在 52 个国家中,中国排名一般。这表明全国的零售分销部门市场规制负担较重,尤其在市场进入壁垒方面。这意味着注册许可等审批手续复杂,规制成本高,而且对现有企业的保护和价格规制等也阻碍了市场的公平竞争,使企业营商环境较差。因此,亟待改革政府审批程序,改善企业营商环境,降低规制负担。

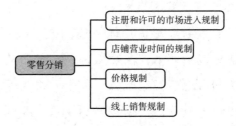

图 8 - 3 OECD 零售分销部门市场规制指标体系

表 8 - 3 部分国家零售分销部门市场规制负担指数

国家	RDPMR	国家	RDPMR	国家	RDPMR
英国	0.03	丹麦	1.01	西班牙	1.67
智利	0.12	匈牙利	1.12	卢森堡	1.71
挪威	0.13	斯洛文尼亚	1.15	美国	1.73
爱沙尼亚	0.38	哈萨克斯坦	1.15	加拿大	1.84
澳大利亚	0.47	克罗地亚	1.22	土耳其	1.91
德国	0.48	捷克	1.24	俄罗斯	1.95
瑞典	0.53	韩国	1.25	法国	2.00
以色列	0.55	拉脱维亚	1.29	奥地利	2.01
瑞士	0.68	塞浦路斯	1.29	印度尼西亚	2.14
新西兰	0.76	波兰	1.30	中国	2.49
阿尔巴尼亚	0.78	马耳他	1.35	比利时	2.52
塞尔维亚	0.82	罗马尼亚	1.35	希腊	2.54
哥伦比亚	0.89	墨西哥	1.41	葡萄牙	2.55

续表

国家	RDPMR	国家	RDPMR	国家	RDPMR
立陶宛	0.91	哥斯达黎加	1.51	南非	2.55
爱尔兰	0.94	斯洛伐克	1.54	意大利	2.79
日本	0.94	保加利亚	1.56	阿根廷	2.85
荷兰	0.97	芬兰	1.65		
巴西	1.00	冰岛	1.66		

资料来源：OECD Product Market Regulation Database。

3. 专业服务部门市场规制负担

专业服务部门的市场规制指标体系如图 8 - 4 所示，共分为两级指标。一级观测指标包括六个：法律服务、公证服务、会计服务、建筑服务、工程服务和房地产经纪服务。每个一级指标各设置 2 个二级指标：进入规制和行为监管。根据该指标体系，我国法律服务的规制负担指数为 3.89，公证服务的规制负担指数为 4.02，会计服务的规制负担指数为 3.14，建筑服务的规制负担指数为 2.92，工程服务的规

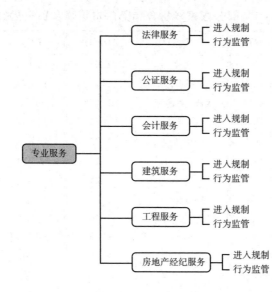

图 8 - 4　OECD 专业服务部门市场规制指标体系

制负担指数为 1.61，房地产经纪服务的规制负担指数为 1.19，按照算术平均法计算专业服务的综合规制负担指数约为 2.79（见表 8-4）。在 52 个主要国家中，中国与发展中国家差距较大。这表明我国在专业服务规制方面水平很低，尤其是法律服务和公正服务方面。这意味着全国各省应加强专业服务建设，提高规制水平，同时加强专业人才的培养，建立健全良好人才激励机制，以此推动专业服务水准，降低规制负担。

表 8-4　部分国家专业服务部门市场规制负担指数

国家	PSPMR	国家	PSPMR	国家	PSPMR
瑞典	0.584523823	以色列	1.855357180	捷克	2.497916679
芬兰	0.601428556	阿尔巴尼亚	1.864583294	保加利亚	2.503869057
澳大利亚	0.620000005	爱沙尼亚	1.882142842	德国	2.544808169
英国	0.633333325	哥伦比亚	2.006696403	卢森堡	2.584226171
瑞士	0.677500021	波兰	2.111607154	意大利	2.586904764
新西兰	0.991944480	克罗地亚	2.115773797	奥地利	2.605059604
丹麦	1.068571448	俄罗斯	2.201190472	加拿大	2.614603138
挪威	1.106071444	日本	2.239880939	比利时	2.706084649
爱尔兰	1.258928573	法国	2.261011894	中国	2.793253938
智利	1.300892850	马耳他	2.269047658	罗马尼亚	2.847321451
荷兰	1.321428622	拉脱维亚	2.305357138	斯洛伐克	2.881547600
西班牙	1.496130940	斯洛文尼亚	2.353273869	阿根廷	3.013318499
墨西哥	1.604761908	葡萄牙	2.355952452	印度尼西亚	3.060714304
美国	1.639821458	希腊	2.359226244	巴西	3.276785692
立陶宛	1.770833343	塞尔维亚	2.414583276	土耳其	3.473611196
哥斯达黎加	1.802380979	匈牙利	2.448809475	韩国	3.869212985
冰岛	1.809603190	南非	2.449325418		
哈萨克斯坦	1.852182508	塞浦路斯	2.460714293		

资料来源：OECD Product Market Regulation Database。

（三）小结

综合上述两个考察维度，可以看到我国各省份的市场规制负担较重，尤其在非制造业部门。同时，根据一体化程度的测算可知，山西与京津冀的经济联系不够高，主要原因是跨行政区之间存在制度障碍，地方保护主义仍然比较严重。为建设统一的大市场，保证经济的长期可持续增长，需要加强政府规制改革，为企业创建公平合理的营商环境，最大限度地释放企业活力。

二　企业营商环境

营商环境是中小型企业的经营环境，主要是指中小型企业在开设、经营、贸易活动、纳税、关闭及执行合约等方面受到政策法规规制必须支付的时间和成本。要降低企业服从成本，为企业建立一流的营商环境。世界银行发布的《全球营商环境报告2020》显示，中国营商环境总体得分77.9分（即中国达到了全球最佳水平的77.9%），比上年上升4.26分；排名跃居全球第31位，比上年提升15位。中国连续两年跻身全球营商环境改善最大的经济体排名前十。世界银行中国局局长芮泽表示："中国为改善中小企业的国内营商环境做出了巨大努力，保持了积极的改革步伐，在多项营商环境指标上取得了令人赞许的进步，特别是在办理施工许可证领域。"在世界银行10项评估指标中，中国有8项指标排名上升，比上年多1项。其中，办理建筑许可证排名提升88位至第33位，保护中小投资者排名提升36位至第28位，办理破产排名提升10位至第51位，跨境贸易排名提升9位至第56位，纳税排名提升9位至第105位，获得电力提升2位至第12位，执行合同排名提升1位至第5位，开办企业排名提升1位至第27位。世界银行也指出，尽管取得了巨大进步，中国在纳税（排名第105位）、获得信贷（排名第80位）和跨境贸易（排名第56位）等领域仍显滞后。中国的出口边境合规耗时为21小时，成本为

256 美元，相比经合组织高收入经济体耗时较长、成本较高。中国企业财税合规年平均耗时 138 小时，而新加坡仅为 64 小时。中国的营商环境还有待优化。

具体到中国各省份，依据"国际可比、对标世行、中国特色"的评价原则，参考北京大学光华管理学院《中国省份营商环境研究报告 2020》，将关于营商环境建设的四个方面（市场环境、政务环境、法律政策环境、人文环境）确定为中国省份营商环境评价指标体系的一级指标，并分别以公平竞争、高效廉洁、公正透明、开放包容为效果目标。随后，对照 4 个一级指标及其效果目标，从两个方面确定二级指标：一是吸纳世界银行、经济学人智库、中国市场化指数（樊纲等，2001；王小鲁等，2018）、中国城市营商环境（李志军等，2019）、中国城市政商关系（聂辉华等，2019）等国内外主流评价指标体系中的相关指标；二是从 2019 年国务院发布的《优化营商环境条例》条款中提炼相关指标。由此，获得"融资、创新、竞争公平、资源获取和市场中介""政企关系、政府廉洁与政府效率""政策透明、司法公正""对外开放、社会信用"12 个二级指标。最后，基于既有参照指标体系和数据的可获得性，确定了二级指标的 24 个三级指标。由此构建中国各省份营商环境评价指标体系（见表 8－5）。

表 8－5　中国省份营商环境评价指标体系

一级指标及其权重	效果目标	二级指标及其权重	三级指标	计算方法
市场环境 28.21%	公平竞争	融资 3.85%	融资水平	省份社会融资规模增量/GDP
		创新 3.85%	研发投入	省份研究与试验发展（R&D）经费内部支出/GDP
			科研机构	省份普通高等学校(机构)数量
			研发产出	创新指数

续表

一级指标及其权重	效果目标	二级指标及其权重	三级指标	计算方法
市场环境 28.21%	公平竞争	竞争公平 10.25%	创业活力	创业企业价值指数
			非国有经济比重	非国有企业社会固定资产投资/内资企业全社会固定资产投资
		资源获取 3.85%	水价	非居民自来水价
			地价	商业用地价格
			人力资本	人口迁入率
			交通服务	交通运行指数
		市场中介 6.41%	律师事务所	律师事务所数量/企业数
			会计师事务所	会计师事务所数量/企业数
			租赁及商业服务业企业	租赁及商业服务业企业数量/企业数
政务环境 35.90%	高效廉洁	政企关系 6.41%	政府关怀	政府关系指数
		政府廉洁 6.41%	政府廉洁度	政府廉洁指数
		政府效率 23.08%	政府规模	一般公共预算支出/GDP
			电子政务水平	电子服务能力指数
法律政策环境 30.76%	公正透明	政策透明 14.10%	政府透明度	政府透明指数
		司法公正 16.66%	司法质量	司法文明指数
人文环境 5.13%	开放包容	对外开放 1.28%	贸易依存度	海关进出口金额/GDP
			外资企业比	外资直接投资企业数/企业数
		社会信用 3.85%	对外投资度	对外非金融投资额/GDP
			信用市场建设	信用信息共享平台得分
			商业机构信用意识	商业机构信用意识

根据《中国省份营商环境研究报告2020》指标体系的评价结果，将各省营商环境从高到低划分为标杆、领先、前列、中上、中等、落

后和托底 7 个等级。山西以 46.74 的总分在 31 个省份中排名第 23 位，评价等级为落后。山西营商环境四种子环境排名由高到低依次为：人文环境（第 18 位），市场环境（第 21 位），法律政策环境（第 24 位），政务环境（第 24 位）。未来应着重优化政务环境和法律政策环境，提升整体营商环境排名。

从山西营商环境二级指标分析，政策透明（第 22 位）、司法公正（第 23 位）2 个指标处于全国落后水平，资源获取（第 27 位）、政企关系（第 28 位）、对外开放（第 29 位）三个指标处于全国倒数；从三级指标分析，研发投入（第 21 位）、研发产出（第 21 位）、地价（第 21 位）、交通服务（第 21 位）、政府透明度（第 22 位）、租赁及商业服务业企业（第 23 位）、司法质量（第 23 位）、贸易依存度（第 25 位）、水价（第 26 位）等指标均处于全国落后水平；政府关怀（第 28 位）、对外投资度（第 28 位）、外资企业比（第 29 位）三个指标居于全国垫底水平。从华北地区来看，山西营商环境指数（46.74）低于华北五省营商环境均值，区内倒数第二，其中法律政策环境位居区域倒数。综上所述，山西省在营商环境方面相对较差，在政务环境和法律政策环境方面都有较大进步空间。同时，山西与京津冀各地之间也存在较大的差距，这表明各省市间需要加强沟通与协作，共同建设良好的营商环境，为统一大市场建设提供有效的市场环境支持。营商环境的改善不仅需要循序渐进，更需要各级政府、多个机构部门的相互配合。各地区如果能在已有的基础上充分利用其经济优势，全面激发改革动力，就能够建设更优质的营商环境，使各地区间的贸易乃至区域整体的经济总量更上一层楼。

山西在建设公平竞争的市场环境过程中，不但要继续增进单位GDP 的社会融资规模，还应着力提升区域创新能力、提升资源获取便利程度、发展市场中介力量，为新创企业和非国有经济营造公平竞争环境。在建设高效廉洁的政务环境过程中，山西要采取积极举措保证政府廉洁，着力提升政府效率、营造亲近政企关系。比如：通过增进政府对企业的关心来改进政企关系；通过降低一般公共预算比重来缩减政府规模；加强监管；等等。在建设公正透明的法律政策环境过程中，既要适当提升司法公正程度，也要下大力气增加政策透明度，包括推行法院网上立案与司法数据公开常态化，建立企业经营相关的信息公开制度等。在建设开放包容的人文环境过程中，既要扩大对外开放水平，也要重视增强社会信用，尽快健全社会信用体系，提高市场参与者信用意识。要继续深化"放管服"改革，深入推进简政放权，规范事中事后监管，提高政务服务效能，不断提升政府服务质量、治理效能。正风肃纪要持之以恒，严防严惩不正之风和腐败问题，加强重点领域监管，认真纠正、严肃查处群众身边的各种"微腐败"。山西科研资金投入较少，科研人才集聚度较差，科研对山西企业的贡献率低。要进一步完善人才引进机制，营造好的就业创业氛围。此外，还要积极搭建科技创新平台，加强地方企业与科技创新平台的联系，推进科研成果转化、服务地方经济。在发展过程中，科技创新平台应当通过媒体宣传等手段扩大自身影响力，从而更好地促进产学研深度融合。

山西政府对企业的关怀程度有待加强。不但要继续保持政府廉洁，还要提升政府服务水平和效率。建议逐步建立与政府履职相适应的电子政务系统，推动全省政府电子政务系统科学、可持续发展，推进山西治理能力和治理体系现代化，把市场机制的社会效能更大限度地发挥出来，从而营造一个良好健康、真正为人民服务的政务体系，构建新型和谐的政企关系。山西要继续推进更高水平开放，通过融入"大战略"、开辟"大通道"、打造"大平台"、建设"大都市"、开展"大招商"、进行外贸"大提升"，构建内陆地区对外开放新高地。积极融入"大战略"，就是发挥山西在"一带一路"大商圈中的重要节点作用，抓住国家实施京津冀协同发展的重大机遇，加大与中部和周边地区的交流合作。

三 贸易便利化水平

按照世界贸易组织（WTO）的定义，贸易便利化是国际贸易程序的简化与协调，其内容主要是海关制度及规则的透明度、海关程序的简化与税费减免以及货物自由过境的制度安排。而联合国贸易和发展会议（UNCTAD）和亚太经济合作组织（APEC）的概念相对比较宽泛，不仅包括海关程序、运输与过境问题，还包括银行与保险服务、电信设施以及商业实践等诸多方面。《巴厘岛一揽子协定》主要的关注点是通过"单一窗口"等措施简化海关及口岸通关程序，因此它更强调在"边境上"（across border）加快货物包括过境货物的流动、清关和放行，关注减少"边境上"的贸易成本。贸易是经济体发展的自然延伸，"贸易便利化"不仅应在边境上做到便利，还应当在"边境后"（behind border）做到便利。这种广义的贸易便利化涵盖消费者最终获得商品的总成本与其生产成本之间所有的差额。

山西省的贸易便利化水平是目前面临的主要问题。目前并没有关于我国具体区域的便利化数据，且由于山西省地处内陆，水运交通不发达，本书主要根据《中国交通年鉴》和《中国社会统计年鉴》公布的数据，从交通便利化程度和互联网接入程度 2 个指标来考察山西省及其他代表性省份的贸易便利化水平。

（一）交通运输

交通运输为商品流通和人员流动提供基本条件，对经济和社会各方面都有着巨大的推动作用。根据 2018 年《中国交通年鉴》数据（这里主要比较了陆路和水路交通网络的建设情况，原因是一般国际贸易的运输方式主要是陆路和水路，采取航空运输的量较少），山西省内的公路密度在所有省份中排在第 17 位，高于全国公路密度水平（见表 8 - 6）。在水运不发达的省份中，山西货物周转量处于中等偏上水平（见表 8 - 7），这表明山西省内的交通状况是比较好的。

表 8 - 6　2018 年全国及 31 个省份公路密度

单位：公里/百平方公里

地区	公路密度	地区	公路密度
全　国	50.48	河　南	160.83
北　京	135.62	湖　北	147.95
天　津	136.61	湖　南	113.34
河　北	102.96	广　东	122.37
山　西	91.70	广　西	53.00
内蒙古	17.13	海　南	103.31
辽　宁	84.29	重　庆	191.12
吉　林	56.24	四　川	68.00
黑龙江	36.81	贵　州	111.82
上　海	206.69	云　南	64.20
江　苏	154.71	西　藏	7.96
浙　江	118.53	陕　西	86.15
安　徽	149.06	甘　肃	31.52
福　建	89.70	青　海	11.39
江　西	97.03	宁　夏	53.32
山　东	175.90	新　疆	11.39

表 8 - 7　2018 年 31 个省份货物周转量

单位：亿吨公里

地区	总计	铁路	公路	水运
北　京	1034.23	866.82	167.41	—
河　北	13873.03	4832.00	8550.15	490.88
山　西	4489.44	2581.56	1907.75	0.13
内蒙古	5595.98	2610.35	2985.63	—
吉　林	1704.71	515.29	1189.23	0.20
黑龙江	1601.31	784.57	810.66	6.08
江　西	4528.63	530.58	3759.94	238.11
湖　南	4386.56	812.75	3114.85	458.96
海　南	875.83	17.00	84.55	774.27
四　川	2946.09	861.02	1814.95	270.13
陕　西	4024.89	1723.00	2301.37	0.52

资料来源：《中国交通年鉴 2019》。

（二）互联网接入状况

现代社会是信息社会，互联网接入状况是信息社会的重要标志之一。山西每万人的互联网端口数仅仅为 0.58 个，在全国排名靠后，大大落后于浙江、北京、江苏等地区，甚至落后于西藏、新疆、青海等中西部地区（见表 8-8）。

表 8-8　31 个省份每万人互联网宽带接入端口

单位：个

地区	每万人互联网宽带接入端口	地区	每万人互联网宽带接入端口
浙　江	1.074256410	广　西	0.609475806
北　京	0.956406685	陕　西	0.599251806
江　苏	0.898265180	西　藏	0.595726496
海　南	0.840317460	黑龙江	0.581471608
上　海	0.835502471	山　西	0.576079378
福　建	0.813516235	河　北	0.572418335
辽　宁	0.751539522	安　徽	0.546858310
宁　夏	0.748201439	内蒙古	0.540433071
重　庆	0.742061460	甘　肃	0.531054023
广　东	0.741081503	湖　北	0.516669479
新　疆	0.720967103	江　西	0.507822546
四　川	0.700179104	河　南	0.493029046
天　津	0.699487836	贵　州	0.485757659
山　东	0.686713009	湖　南	0.433347788
青　海	0.628782895	云　南	0.430444627
吉　林	0.626755853		

资料来源：《中国社会统计年鉴 2020》。

整体上，我国的贸易便利化水平居于世界中游。山西省的贸易便利化水平在国内处于中等偏下水平，同京津冀经济圈各地之间的贸易便利化水平也存在较大差距。贸易便利化水平提高能大幅提升我国各省份的贸易量。因此，我国各省份应当积极采取措施，提升其贸易便利化水平，同时加强各地区间的一体化合作，提高整个经济圈的贸易便利化水平，为统一大市场的建设提供良好的制度环境。具体地，各省应积极成立贸易便利化的协调委员会，协调进出口管理部门如商务、海关、商检和外汇管理部门的管理活动；加大互联网的投资力度，建设智能的互联互通的经济圈；在充分信任企业的基础上，最大限度利用互联网技术重构交通管理的监管程序和监管模式，进一步降低贸易成本。

第二节　区域经济一体化发展的规制壁垒

从京津冀协同发展，到粤港澳大湾区建设，再到长三角一体化，区域经济一体化是中国发展的内生需要，也是全球发展的大势所趋。通过前面对山西融入京津冀一体化发展水平和市场规制环境的评估发现，各地区经济的一体化发展仍存在较大的市场规制障碍。一方面，市场的规制负担较重，这说明政府在一些领域过度规制，不仅造成了沉重的监管成本，也使企业的服从成本较高。另一方面，企业的营商环境不够完善、贸易便利化水平较低，这意味着政府规制既多且不够合理，阻碍了市场的自由竞争，打击了企业的积极性，难以吸引高效的资金、技术和人才的集聚。这不利于统一大市场的建设，阻碍了经济一体化的发展。因此，各地政府需要通力合作，消除不适当的规制壁垒，创建公平竞争的市场环境，促进经济的一体化发展。接下来是对阻碍经济一体化发展的规制障碍进行识别和分析，这样才能有针对性地进行消除或改革，从而为经济的一体化发展提供有力的制度保障。

本部分在上述评估的基础上，从不同角度对各种规制壁垒进行了识别和分析，并分类汇总，旨在消除各地阻碍竞争的、不一致的、不必要的、重复的或者过时的规制，以避免造成商品、资本和劳动力的流动障碍。

一 规制壁垒概述

随着我国各地区间经济联系的日益密切，一体化有了较快发展，但仍然存在妨碍全国统一市场和公平竞争的各种壁垒，其表现形式多种多样。一是客观的历史地理等因素，如文化观念壁垒和自然的地理位置障碍。经济圈中各地区间（尤其是经济发达地区与经济落后地区之间）的文化传统和人文观念不同，导致经济资源在不同地区间流动不畅，影响区域间的沟通与合作。天然的地理位置障碍也会影响不同地区间的交流与合作。另外，一个地区或一个城市的辐射能力毕竟有限，也不可能仅靠个别先进地区的带动来实现整个区域大范围的协调发展。二是经济发展中的制度因素。规制和审批手续是政府在很多领域实施管理和提供服务的重要工具。通常政府为了实现政策目标，需要大量关于政策目标群体的信息，这往往导致行政规制的数量和复杂性增加，政府行政负担加重，企业和个人的合规成本增加，浪费了大量的时间和金钱，而且还减少了规制政策的确定性，不利于企业的稳定发展。制度性障碍和繁杂的行政审批流程已经成为最令企业和公众反感的规制壁垒，并且也已成为官僚主义的一种负面特征。另外，在规制过程中，也会滋生腐败，降低政府的公信力。这是因为，制造寻租机会的规制政策，同时也导致了寻租群体的出现，而寻租群体的出现，则又会鼓励政府官员进一步制造具有寻租机会的政策。这些行政制度性障碍已经成为妨碍市场竞争、制约一体化发展的主要瓶颈。

只有致力于消除此类制度性规制壁垒，才能最大限度地激发市场和企业活力，打造公平竞争的市场环境。各种经济管理制度方面的壁垒，集中表现为以下三个方面：一是以各种地方保护主义政策为主要表现形式的行政区划壁垒。我国存在市场分割和地方保护行为，地方政府在相互竞争的过程中，为了各自利益的最大化不顾其他地区的利益，人为地设置了许多政策性障碍，各地方相互封锁、画地为牢，形成了恶性竞争与地方保护，造成了区域间的市场分割，阻碍了商品、资源、资金、劳务等的自由流动和资源的整体优化配置，不利于全国统一大市场的形成以及市场建设水平的进一步提高。这些问题在区域经济一体化的过程中日益凸显。二是行政体制性壁垒。在计划经济时代，我国政府为了管理经济发展，制定了大量的规章制度，超出市场需要的范畴，突出表现是繁重的政府审批制度。而且随着时代的变迁和国际经济形势的变化，一些规制内容和手段已经不适应经济的发展，强大繁重的不合理规制加重了市场规制负担，导致公平竞争的市场环境难以形成，市场和企业发展的活力和创新性难以发挥。三是区域协调障碍，即各地区间经济管理政策的协调性不足。经济活动中存在不少不一致或者重复的规制，需要统筹整合，提高规制效率。下文重点分析这三类阻碍经济一体化发展的规制壁垒，这是最主要的制度制约因素，其他历史文化等因素此处不做详细讨论。

二 三大规制壁垒分析

（一）行政区划壁垒

近年来，行政区划调整成为影响一些地方城市空间扩展与演化的关键因素。通过行政区划调整，地方政府可以迅速有效地达到控制城市与区域经济发展的资本、土地、劳动力、技术、信息等生产要素流向的目的，从而获得更丰富的发展资源、更多的发展机遇和更大的发展空间。在转型期激烈竞争的环境下，出于自身利益最大化的考虑，地方政府行为常常演变成明显的本位主义和保护主义，作为地方行为空间载体的行政区划也就被赋予了特殊的含义，在资源的空间流动中扮演起各种"壁垒"的角色。在小农经济时代，土地是最重要的发展资源，土地资源的优化配置对流动性、整体性的要求并不高，因此各行政区划之间的资源梗阻现象尚不显著。但在现代化不断推进的过程中，发展资源所涵括的内容日益增多，包括人力、资本、科技、信息、教育、医疗、环境等。而在这些内容中，有相当一部分需要通过跨行政区的流动、整合或协调才能实现优化配置。然而，由于建立在行政区划基础上的制度因素特别是行政体制机制等因素的限制，这些资源的跨区配置遇到了不同程度的阻滞状况，这就是"区划型行政壁垒"现象。地方政府在空间发展中以行政区划为壁垒形成的对抗性，不仅造成了重复建设、产业结构趋同、环境状况恶化等问题，而且导致了城市空间无序蔓延、规模盲目扩张、土地利用效率低下等后果。

在各种妨碍市场竞争、阻碍经济一体化发展的制度障碍中，地区间的行政区划壁垒是其中的主要障碍，主要表现在各地方政府利用自身行政权力制造各种行政壁垒，制定各种地方保护主义政策（地方政府为维护本地产业或工人的利益对经济活动进行干预），人为地割裂了经济要素的跨行政区流动，导致大统一市场被分割为许多狭小的地方性市场，阻碍了商品、资金、劳动力、技术等要素在各地区间的自由流动。

恶性竞争不断发生，根据亚当·斯密"分工受市场范围限制"的论点，从长期来看，市场一体化使分工在更大的范围内进行，从而实现资源的最优配置，提高市场效率。而行政壁垒可在一定程度上导致政府和市场双双失灵，阻碍市场一体化进程。第一，行政壁垒限制了市场的充分竞争和信息的充分交流，增加了企业的交易成本，这些都使原本存在的市场失灵不仅没有得到解决，反而进一步恶化。第二，随着经济规模的扩大和经济主体的增多，更加规范公平的市场秩序需要政府保护，日益增多的市场外部性问题也需要政府出面协调和解决，但行政壁垒的存在不但未能弥补这些市场失灵，反而削弱了政府监督和管理市场的能力、滋生地方官员以权谋私的腐败行为，损害政府形象，导致了政府失灵。而政府和市场的这种双双失灵不仅减少了区域间的经济合作，使较发达地区无法利用欠发达地区资源丰富、投资成本低等特点实现"借地生财"，欠发达地区也无法利用发达地区的结构调整、产业转移实现"借势开发"，从而阻碍了各地区的经济增长，进而限制了区域经济的协调发展。

从珠三角到京津冀，中国区域一体化各有各的特点，各有各的烦恼，但有一点共性，那就是行政区划壁垒。主观来讲，行政区划壁垒表现为各行政主体的价值取向不同，存在不同主体的博弈；客观来说，是因为各行政主体有不同的职责边界，这些职责边界和一体化的共同目标有时会发生冲突。从中央政府的层面上看，我国各个地区之间没有关税且执行的是统一的货币、财政和贸易政策，地区之间应该没有行政壁垒。但实际上，各地方政府设置的行政壁垒依然存在，如偏向本地企业的优惠政策、用工中只招收本地户籍人员、产业和基础设施重复建设、各自为政等一些隐藏较深的地方保护行为。

相比之下，京津冀地区的行政区划壁垒带有相对明显的政治属性。长期以来，京津冀地区之间的行政地位导致经济"分工－合作－共同发展"的局面无法形成，行政区经济封闭的旧有格局依旧有较强的影响力。北京对天津、河北强大的"虹吸效应"，使北京的繁荣和天津、河北的相对衰落形成了鲜明对比。然而，三地的合作塌陷又反过来使协调发展和跨域治理陷入瓶颈，北京亦成为受损方。长远来看，政治性更高的行政区的资源剥夺是一种负和博弈（即两败俱伤的博弈），不利于资源的优化配置，破坏了政府间合作的经济基础，最终将制约区域的整体发展。行政壁垒已成为京津冀一体化进程中所需克服的主要难题。

　　值得注意的是，地方保护的形式五花八门，而且正变得愈加隐蔽（如通过行政程序而非公开规定加以实施），需要深入研究才能甄别，尤其是一些表面上看似乎符合公众利益的措施。通过调查分析，本书系统识别并归纳了经济圈中各地区普遍存在的一些阻碍一体化的区域性行政垄断行为，如表8-9所示。表8-9所列的行政壁垒需要逐步进行清理和废除，以便为统一大市场的建设扫清障碍。

表8-9　行政区划壁垒

类别	具体形式
一、产品市场	贸易壁垒（与地方贸易保护有关）
（一）数量控制	直接控制外地产品的销售数量
采购及经营数量限制	1. 当地政府或企业采购时，开列采购目录，对本地企业照顾，禁止或限制从外地购进
	2. 规定企业经营本地产品的数量或比重，以控制市场份额
投入限制	3. 禁止本地重要原材料流出，实行专营
	4. 对外来企业原材料投入方面的干预
（二）价格控制	价格限制和地方补贴
价格限制	1. 对外地产品或服务规定歧视性价格（采取行政定价方式提高外地产品或服务的价格）
	2. 对外地产品或者服务设定歧视性收费项目、实行歧视性收费标准
	3. 经销外地产品收取的费用较多
税收和地方补贴	4. 优惠本地企业的税收政策、歧视外地企业的补贴政策
	5. 在税收政策上，对本地企业降低税负，擅自减免税
	6. 销售本地产品，企业可以提取一定比例的奖励金
	7. 对经营本地产品的企业优先贷款、优惠利率
（三）行政技术壁垒	工商质检等方面的歧视

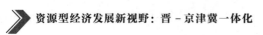

续表

类别	具体形式
阻断流通	1. 限定、变相限定单位或者个人只能经营、购买、使用本地生产的产品或者只能接受本地企业、指定企业、其他经济组织或者个人提供的服务
	2. 以整顿销售渠道为由，减少企业从外地进货的渠道和品种
	3. 在道路、车站、港口、航空港或者本行政区域边界设置关卡，阻碍外地产品进入或者本地产品运出；或者对外地产品进行不正当的检查或多收费
许可、审批障碍	4. 采取专门针对外地产品或者服务的专营、专卖、审批、许可等手段，实行歧视性待遇
质检障碍	5. 外地产品或者服务采取与本地同类产品或者服务不同的技术要求、检验标准，或者对外地产品或者服务采取重复检验、重复认证等歧视性技术措施
	6. 以打假为由，对外地产品实行超标准的报验和检验制度
规模限制	7. 限制或者排斥外地经营者在本地投资或者设立分支机构，或者对设立分支机构实行歧视性待遇，侵害其合法权益
宣传差异	8. 默许本地产品做不切实际的广告宣传，挤压外地产品
（四）司法壁垒	司法不积极
起诉	1. 外地企业起诉本地企业时，司法部门不积极
审判	2. 在司法审判时明显偏袒本地企业
执行	3. 在执行判决时，司法部门不积极
（五）无形限制	其他非正式无形限制
招投标限制	1. 通过设定歧视性资质要求、评审标准或者不依法发布信息等方式限制或者排斥外地企业、其他经济组织或者个人参加本地的招投标活动
	2. 在政府或企业进行建筑工程招投标时，照顾本地企业
其他	3. 打击本地生产的假货不够严厉
	4. 在企业需要法律、会计、业务咨询等中介服务时，被要求或被暗示选择本地的中介机构
	5. 强制或暗示经营者采取有利于当地经济的垄断行为
	6. 强制成为商会会员

续表

类别	具体形式
（六）其他	实行地区封锁的其他行为
二、要素市场	阻止劳动力、资金、技术等要素市场的跨地区流动
（一）劳动力流动限制	覆盖面与关系转接方面的限制是造成劳动力市场条块分割的重要因素。并且，对劳动力市场方面的干预，多以户籍制度为由
招录限制	1. 当地政府要求企业招工优先招录（或必须招录）本地户口人员
	2. 当地政府要求企业聘用的外地户口从业人员需要额外的资格证明
	3. 学历要求标准不同
	4. 本地与外地招工配额差异
落户限制	5. 外地职员到当地落户、解决户口较难
	6. 为外地职员办理暂住证收取高额费用
子女教育成本	7. 外地职员子女在当地入学成本太高
社会福利	8. 因政府相应职能不完善难以为外地职员提供养老、医疗和失业保险
（二）资本流动限制	对投融资方面的干预
抬高门槛	1. 提高外地企业注册资金的标准
抬高费率	2. 外地企业在当地投资后，基础设施的改善不兑现，或在水、电、气等方面多收费
投资限制	3. 外地企业在当地投资盈利后，当地政府要求外地企业将其盈利再投资于当地
收购限制	4. 禁止或限制外地企业对本地企业的收购
推出限制	5. 外地企业从当地撤资时，当地政府有明显损害外地企业利益的行为
（三）技术流动限制	对技术方面的干预
技术转移限制	1. 限制企业间技术转移
档案扣留	2. 限制技术人员，特别是重要技术人员流动。如人事调动需缴纳巨额费用或干脆不调动档案、户口等
技术认证限制	3. 不承认企业在外地已经获得的技术证明，要求重新进行评估或检验

（二）行政体制性壁垒

行政规制的产生是市场经济不断发展的结果。资本主义市场经济发展的早期，传统的经济学界和政治学界普遍信奉"管的最少的政府是最好的政府"的价值理念，政府只是充当"守夜人"的角色。过度宣扬市场自由调节，导致市场失灵、资本垄断、恶意竞争等问题，降低了市场资源配置的效率，进而引发全面经济危机，政府行政规制开始确立。

我国早期行政规制是计划经济体制下政府执行经济计划的手段，其主要特点是政府对有关产业实行行政垂直管理。在计划经济体制下，政府通过行政命令方式严格地控制经济运行中的宏观和微观活动，经济活动严格按照事先制订的经济计划执行，企业并没有自主经营权，政府对经济活动的控制是无所不在的。1998 年之后，为了适应加入世界贸易组织的需要，适应计划经济体制向市场经济体制转变的需要，我国行政规制开始深入改革。本部分从改革进程中政府行政审批、产业政策和环境规制三个方面研究现存行政规制的特征。

1. 政府行政审批

我国在从计划经济向市场经济转变的过程中，政府对经济管理的能力和效率逐步提高，但政府对微观事务的管理仍然有着强大的规制，突出的表现是政府的行政审批程序不够高效，审批手续烦琐复杂，结果既加重了政府规制负担，浪费了较多的人力、物力和财力，又提高了企业的合规成本。为更好地深化行政审批改革，推动各地区全面正确地履行政府职能，本部分对现存的行政审批事项进行了深入研究。

政府行政审批事项可划分为三种类型：寻租型、成本型和混合型。其中，寻租型行政审批是指权力所有者为了获取由权力带来的经济利益，运用行政权力干预和管制企业及个人经济活动，并因此而设定的审批项目；成本型行政审批是指审批机关增加了企业和个人经济活动中不必要的审批环节的审批项目；混合型行政审批是指同时具有寻租型和成本型特征的行政审批项目。寻租型行政审批制造了寻租机会，也导致了寻租群体的出现，而寻租群体的出现，则又会鼓励政府官员进一步制造具有寻租机会的审批事项。这类行政审批阻碍了市场的公平竞争，为少数特权者创造了取得垄断利益的机会。因而消除寻租型行政审批有利于促进资源的合理分配，也可有力地打击腐败行为。成本型行政审批由于制定了过度的规章制度，增加了冗余的审批手续，推高了企业和个人的服从成本和经济成本。消除成本型行政审批有利于简化手续、提高经济效率，所获取的回报较大。

2001 年开始我国积极推行行政审批改革，促进政府职能转变，完善社会主义市场经济体制，解决政府与市场、社会的关系。绝大多数省份和国务院各部门不同程度地开展了行政审批改革工作，取得了初步成效。2012 年 8 月 22 日，国务院决定取消和调整 314 项部门行政审批项目。2012 年 10 月 10 日，国务院决定第六批取消和调整 314 项行政审批项目。2014 年 2 月 15 日，国务院印发《国务院关于取消和下放一批行政审批项目的决定》，再次取消和下放 64 项行政审批事项和 18 个子项。2014 年 11 月 24 日，国务院决定取消和下放 58 项行政审批项目，取消 67 项职业资格许可和认定事项，取消 19 项评比达标表彰项目，将 82 项工商登记前置审批事项调整或明确为后置审批。2016 年 2 月 19 日，国务院印发《关于第二批取消 152 项中央指定地方实施行政审批事项的决定》，决定再取消一批中央指定地方实施行政审批事项，共涉及 33 个部门 152 项。2019 年 2 月 27 日，国务院决定取消 25 项行政许可事项，下放 6 项行政许可事项的管理层级。

简政放权是山西深化行政审批改革的先手棋。2013 年、2014 年山西省大幅精简审批事项，2015 年以来又分两批取消、下放和调整了 96 项省本级行政审批事项，取消了 14 项政府部门内部审批事项，不再保留"非行政许可审批"类别。经过改革，山西省政府部门保留的行政许可审批项目减少到 409 项。2014 年率先启动推行权力清单制度工作，将其作为加强政府自身建设、实施"六权治本"的重要内容。2015年出台了《关于推行各级政府工作部门权力清单制度的实施意见》，公布了省政府部门权力清单，本轮清理共精简省政府部门和单位权力事项5343项，保留52个部门和单位行政职权3090项，精减率达63%。2017年9月16日，为进一步深化行政审批改革，省政府决定再取消和下放行政职权事项62项。其中，取消42项、部分取消4项，下放管理层级8项、部分下放管理层级8项。目前，山西省行政审批改革初见成效，但问题尚未完全解决。根据山西省机构编制网公布的政府部门权责清单，现整理如下（见表8－10），可以看出山西存在行政审批手续烦琐等问题。

表8－10　山西省行政审批事项清单

单位：项

序号	实施机关	行政许可事项	子项
1	山西省自然资源厅	37	15
2	山西省卫生健康委员会	29	3
3	山西省广播电视局	25	7
4	山西省药品监督管理局	25	0
5	山西省文物局	23	0
6	山西省水利厅	19	0
7	山西省文化和旅游厅	16	0
8	山西省教育厅	14	14
9	山西省司法厅	13	0
10	山西省公安厅	12	0
11	山西省宗教事务局	12	6
12	山西省人社厅	11	0
13	山西省住房和城乡建设厅	9	4
14	山西省民政厅	8	0
15	山西省生态环境厅	7	0

续表

序号	实施机关	行政许可事项	子项
16	山西省应急管理厅	7	7
17	山西省林业和草原局	7	0
18	山西省商务厅	6	0
19	山西省发展和改革委员会	4	0
20	山西省交通运输厅	3	0
21	山西省能源局	3	0
22	山西省国家保密局	3	0
23	山西省科学技术厅	2	0
24	山西省工业和信息化厅	2	0
25	山西省财政厅	2	0
26	山西省体育局	2	0
27	山西省统计局	2	0
28	山西省地方金融监督管理局	2	0
29	山西省消防救援总队	2	0
30	山西省档案局	2	0
31	山西省粮食和物资储备局	1	0
32	山西省政府侨务办公室	1	0
合计		311	56

资料来源：山西省机构编制网。

综合大项和包含的子项两方面因素，可以看到，目前山西省的行政审批事项较多（包含子项共计367项）。其中行政审批事项最多的领域是煤炭行业，各部门需要进一步简政放权，最大限度地激发市场活力。山西是我国重要的能源基地和老工业基地，煤炭产业占省内经济发展的主导地位，因而深化行政审批制度改革、创新政府治理方式对于激发市场活力和企业创造力、促进煤炭产业转型发展意义重大。2015年8月27日，山西省制定发布煤炭行政审批制度改革方案。2021年3月31日，山西省十三届人大常委会第二十五次会议表决通过《山西省一枚印章管审批条例》。这是全国第一部关于行政审批制度改革的省级地方性法规。这些政策的出台对于优化营商环境、推动高质量转型发展都有积极作用。未来山西需要继续深化审批改革，整合优化审批服务机构和职责，简化审批程序，提高审批效率，激发市场活力。

2. 产业政策

2003 年开始，随着我国社会主义市场经济建设的不断深入和社会经济的高速发展，山西煤炭产业进入一个超常规快速发展阶段，山西煤炭产业政策出现了较大的变动。为了实现生产安全、产业发展等政策目标，煤炭产业从"采改"（采掘技术改造）到"企业股份制改革"，从"矿权改革"到"资源有偿使用"，从"资源整合"到"企业兼并重组"，走了十多年的改革之路。

2004 年，山西颁布《山西省人民政府关于继续深化煤矿安全整治的决定》，明确提出"资源整合、能力置换、关小上大、有偿使用"的煤炭产业指导思想和原则，并于同年率先在临汾市开展了"煤炭采矿权有偿使用"的试点工作。

2005 年，山西省人民政府颁发《关于推进煤炭企业资源整合和有偿使用的意见（试行）》，并于 2005 年 8 月 1 日，由山西省国土资源厅、省煤炭工业局、省煤矿安全监察局联合下发了《山西省煤炭企业资源整合和有偿使用实施方案》，资源由行政无偿划拨变为有偿使用，试图通过"有恒产者有恒心"来明晰产权、解决矿难。两年时间内，山西全省煤矿数量压减了 30%，获得 200 多亿元的资源价款，2000 多家煤矿完成了企业股份制改造，明晰了产权。然而，刚刚获得各种合法证件的民营煤矿在接下来的一场改革中受到了重创。

2008 年山西省政府根据国务院《关于促进煤炭工业健康发展的若干意见》中"坚持先进生产力和淘汰落后生产力的原则，一方面加快大型煤炭基地建设、国有重点煤矿的经营以及中小煤矿的兼并改造，另一方面按照相关法律关闭一些污染严重、浪费资源以及缺乏安全生产条件的小煤矿"，出台《关于加快推进煤矿企业兼并重组的实施意见》，这是山西省对煤炭企业全面整治过程的开始。

2009 年 5 月 12 日，山西省政府颁发《关于进一步加快推进煤矿企业兼并重组整合有关问题的通知》，进一步明确了煤矿企业兼并重组整合的数量、责任、主体、方案编制、整合工作完成时间等各个方面的内容。此政策的出台，标志着山西全省范围煤炭产业结构大调整的开始。针对煤炭产业发展过程中的安全问题和环境问题，山西省通过煤炭产业规制性政策的制定和实施来保证对安全生产和环境保护工作的落实，强化煤炭产业自身与安全生产、环境保护的协调发展。一年之内，全省煤炭矿井数量缩减一半，煤炭企业由 2000 多家缩减为100 多家。

2005～2009 年，在不到五年的时间里，作为资源大省的山西提出了"资源有偿使用"（市场化）和"企业兼并重组"（国有化）两条截然不同的改革路径，这是由政府规划和引导的产业重组和大规模产权变革。然而，历次改革并未有效遏制矿难发生，同时由于生产不安全、资源浪费、回采率低、环境破坏等一系列问题，山西给公众留下了"带血煤炭""晋官难当""土豪煤老板"等刻板印象。多变的产业政策使煤炭产业陷入多重困境，如政策多变致使监管部门繁乱，腐败问题、安全事故与官员问责频频发生；供给失衡、煤电联价，影响多个产业。这都为之后耗时长久的改革之路埋下了隐患。

2010 年，国务院批准设立山西为国家资源型经济转型综合配套改革试验区，山西煤炭产业发展以此为契机进行了重要改革。2012年，山西制定《山西省促进煤炭、电力企业协调发展实施方案》，积极推进现存火力发电企业的煤电联营；2013 年，山西发布"煤炭经济 20 条"，实施降低煤炭企业交易服务费、鼓励电力企业清洁高效就近用煤等措施；为了实现高碳资源低碳发展，2014 年山西又出台

《关于围绕煤炭产业清洁、安全、低碳、高效发展重点安排的科技攻关项目指南》，以促进煤炭产业在"清洁、安全、低碳、高效"发展领域的关键技术突破。2015 年，山西发布《山西省煤炭行政审批制度改革方案》，进一步简化煤炭行业行政审批手续，着力推进煤炭管理体制改革，是"革命兴煤"和促进煤炭产业"六型"转变战略的重要举措；为适应转型发展战略，山西省还制定了《煤炭装备制造规划》《以煤为基多元发展规划》《八大煤炭集团"双千亿"规划》《关于深化煤炭管理体制改革的意见》等多项规划和措施，从制度上进一步明确了山西省煤炭产业转型跨越发展的新战略。转变山西煤炭产业发展方式、调整产业结构、对山西煤炭产业发展过程中的外部性进行规制、促进山西煤炭产业健康发展等，成为这一时期山西煤炭产业政策演进的目标。

2012 年以来，我国煤炭产能过剩，导致我国煤炭价格出现下滑，加上煤炭相关企业经营不善，造成煤炭行业经济不景气。2015 年底，中央经济工作会议重点部署了供给侧结构性改革，将"去产能、去库存、去杠杆、降成本、补短板"列为五大重点任务，而煤炭行业是传统产能的代表。2016 年初，国务院及国家发展改革委等相关部委陆续出台相应的去产能政策，打响了煤炭供给侧改革的第一枪。这一年煤炭行业的政策密集出台，主要围绕"化解过剩产能，做好职工安置"等做出政策保障。在政策的保障和促进下，2016 年我国共有 1000 家煤矿退出市场。2017 年国家政策加码，国家各部委出台了一系列关于煤炭行业的产能调整政策，以国家能源局和国家发展改革委为代表的国家机构，针对煤炭行业化解过剩产能、保障煤炭需求，在控制煤炭能源消费总量需求的基础上实现减少污染排放的政策目标。2017 年 4 月 21 日印发《关于进一步加快建设煤矿产能置换工作的通知》，要求在建煤矿项目应严格执行减量置换政策或化解过剩产能的任务。2017 年 4 月 24 日印发《关于做好符合条件的优质产能煤矿生产能力核定工作的通知》，允许部分先进产能煤矿按照减量置换的原则核定生产能力。6月30日印发《关于做好2017年迎峰度夏期间煤电油气运保障工作》，多项政策频繁加码，加快推进煤炭优质产能释放。在国家及省内调结构、去产能的政策推动下，山西在"十三五"期间累计化解煤炭过剩产能15685万吨/年，退出总量居全国第一。一系列紧锣密鼓的产业规制政策使以煤炭为支柱产业的山西经济持续低迷，下滑严重，GDP排名全国倒数，发展动力不足。国家和山西煤炭政策如表8-11所示。

表 8-11　国家和山西煤炭政策

发布日期	政策文件	发布部门
2021年1月12日	《智能化示范煤矿建设管理暂行办法》	国家能源局
2021年1月12日	《煤矿智能化专家库管理暂行办法》	国家能源局
2020年12月28日	《山西省人民政府办公厅关于印发山西省煤矿安全监管专员制度的通知》	山西省人民政府
2020年12月18日	《山西省人民政府办公厅关于印发山西省非煤矿山生产安全事故应急预案的通知》	山西省人民政府
2020年11月23日	《山西省人民政府办公厅关于印发山西省加强煤矿安全生产工作特别规定的通知》	山西省人民政府
2020年11月11日	《国家煤矿安监局关于进一步加强对地方政府煤矿安全监管工作监督检查的意见》	国家煤矿安监局
2020年9月27日	《山西省人民政府办公厅关于印发山西省煤矿生产安全事故应急预案的通知》	山西省人民政府
2020年9月3日	《国家煤矿安监局办公室关于印发〈落实煤矿企业安全生产主体责任三年行动专题实施方案〉的通知》	国家煤矿安监局
2020年7月31日	《山西省人民政府办公厅关于印发山西省煤炭企业生产经营信息采集和物流服务平台建设指南的通知》	山西省人民政府

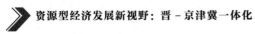

续表

发布日期	政策文件	发布部门
2020 年 7 月 22 日	《国家煤矿安监局关于印发〈关于落实煤矿企业安全生产主体责任的指导意见〉的通知》	国家煤矿安监局
2020 年 7 月 1 日	《国家煤矿安监局关于进一步加强汛期煤矿安全生产工作的紧急通知》	国家煤矿安监局
2020 年 6 月 12 日	《关于做好 2020 年重点领域化解过剩产能工作的通知》	国家发展改革委
2020 年 5 月 11 日	《国家煤矿安全监察局关于印发〈煤矿安全生产标准化管理体系考核定级办法（试行）〉和〈煤矿安全生产标准化管理体系基本要求及评分方法（试行）〉的通知》	国家煤矿安监局
2020 年 4 月 16 日	《山西省人民政府关于印发山西省煤矿安全隐患调查处理办法的通知》	山西省人民政府
2020 年 3 月 30 日	《山西省煤层气勘查开采管理办法》	山西省人民政府
2020 年 3 月 27 日	《山西省人民政府办公厅关于印发山西省煤矿分级分类安全监管监察办法的通知》	山西省人民政府
2020 年 3 月 13 日	《国家煤矿安监局关于印发〈煤矿冲击地压防治监管监察指导手册（试行）〉的通知》	国家煤矿安监局
2020 年 2 月 25 日	《关于印发〈关于加快煤矿智能化发展的指导意见〉的通知》	国家发展改革委
2020 年 1 月 6 日	《关于修订印发〈煤矿安全改造中央预算内投资专项管理办法〉的通知》	国家发展改革委
2019 年 12 月 7 日	《国家煤矿安监局关于印发〈高风险煤矿安全"体检"指导意见〉的通知》	国家煤矿安监局
2019 年 9 月 18 日	《国家煤矿安监局办公室关于印发煤矿建设项目安全设施设计审查、竣工验收报告书规范文本的通知》	国家煤矿安监局
2019 年 8 月 27 日	《国家煤矿安监局办公室关于宣传贯彻〈防治煤与瓦斯突出细则〉的通知》	国家煤矿安监局
2019 年 8 月 7 日	《国家煤矿安全监察局关于开展煤矿安全生产综合督查工作的通知》	国家煤矿安监局

续表

发布日期	政策文件	发布部门
2019 年 8 月 2 日	《山西省人民政府办公厅关于推进全省煤炭洗选行业产业升级实现规范发展的意见》	山西省人民政府
2019 年 7 月 25 日	《国家煤矿安监局关于进一步加强煤矿防汛应急工作的通知》	国家煤矿安监局
2019 年 7 月 6 日	《国家煤矿安监局关于印发〈关于煤矿企业安全生产主体责任监管监察的指导意见〉的通知》	国家煤矿安监局
2019 年 6 月 18 日	《山西省人民政府办公厅关于印发山西省煤矿矿长安全生产考核记分办法的通知》	山西省人民政府
2019 年 5 月 13 日	《国家煤矿安监局关于加强煤矿冲击地压防治工作的通知》	国家煤矿安监局
2019 年 5 月 10 日	《国家煤矿安全监察局关于印发〈全面推行行政执法公示制度执法全过程记录制度重大执法决定法制审核制度实施办法（试行）〉的通知》	国家煤矿安监局
2019 年 5 月 2 日	《国家煤矿安监局关于印发〈防治煤矿冲击地压细则〉的通知》	国家煤矿安监局
2019 年 4 月 29 日	《关于加强煤矿冲击地压源头治理的通知》	国家煤矿安监局
2019 年 3 月 29 日	《国家煤矿安监局关于立即组织开展煤矿安全生产专项执法检查的通知》	国家煤矿安监局
2019 年 1 月 9 日	《国家煤矿安全监察局关于印发〈煤矿复工复产验收管理办法〉的通知》	国家煤矿安监局
2019 年 1 月 4 日	《国家煤矿安监局关于转发煤矿部分工种安全技术培训大纲及考核要求的通知》	国家煤矿安监局
2019 年 1 月 4 日	《国家能源局关于印发〈煤矿建设项目竣工验收管理办法〉（修订版）的通知》	国家能源局
2018 年 12 月 25 日	《国家煤矿安全监察局关于印发〈煤矿井下单班作业人数限员规定（试行）〉的通知》	国家煤矿安监局
2018 年 11 月 29 日	《国家煤矿安全监察局关于规范煤矿安全监管执法工作的意见》	国家煤矿安监局

续表

发布日期	政策文件	发布部门
2018 年 11 月 13 日	《关于印发〈煤矿安全改造专项管理办法〉的通知》	国家发展改革委
2018 年 10 月 29 日	《国务院安委会办公室关于吸取近期事故教训切实做好岁末年初煤矿安全生产工作的通知》	国务院
2018 年 10 月 15 日	《山西省人民政府办公厅关于调整 2018 年化解煤炭过剩产能目标任务的通知》	山西省人民政府
2018 年 9 月 21 日	《国家煤矿安全监察局关于印发〈防范煤矿采掘接续紧张暂行办法〉的通知》	国家煤矿安监局
2018 年 9 月 21 日	《国家煤矿安全监察局关于印发〈煤矿安全监管执法计划编制办法（试行）〉的通知》	国家煤矿安监局
2018 年 8 月 19 日	《关于印发 2018 年各省（区、市）煤电超低排放和节能改造目标任务的通知》	国家能源局
2018 年 8 月 17 日	《国家煤矿安监局关于开展煤矿安全生产督查的通知》	国家煤矿安监局
2018 年 7 月 6 日	《国家煤矿安全监察局关于进一步深化依法打击和重点整治煤矿安全生产违法违规行为专项行动的通知》	国家煤矿安监局
2018 年 6 月 4 日	《国家煤矿安全监察局关于印发〈煤矿防治水细则〉的通知》	国家煤矿安监局
2018 年 5 月 24 日	《国家煤矿安监局关于有效防范和遏制煤与瓦斯突出事故的通知》	国家煤矿安监局
2018 年 5 月 23 日	《国家煤矿安监局办公室关于深入贯彻落实〈煤矿瓦斯等级鉴定办法〉的通知》	国家煤矿安监局
2018 年 5 月 23 日	《国家煤矿安监局关于印发〈煤矿企业主要负责人安全生产知识和管理能力考核要求〉〈煤矿企业主要负责人安全生产知识和管理能力考试知识点〉的通知》	国家煤矿安监局

续表

发布日期	政策文件	发布部门
2018 年 5 月 16 日	《国家煤矿安监局办公室关于宣传贯彻〈防治煤矿冲击地压细则〉的通知》	国家煤矿安监局
2018 年 5 月 14 日	《国家能源局关于发布 2021 年煤电规划建设风险预警的通知》	国家能源局
2018 年 4 月 27 日	《国家煤矿安监局国家能源局关于印发〈煤矿瓦斯等级鉴定办法〉的通知》	国家煤矿安监局
2018 年 4 月 4 日	《国家煤矿安监局关于依法打击和重点整治煤矿安全生产违法违规行为专项行动工作进展情况的通报》	国家煤矿安监局
2018 年 4 月 3 日	《国家煤矿安监局关于开展煤矿安全培训整治推进煤矿从业人员素质提升的通知》	国家煤矿安监局
2018 年 3 月 20 日	《国家能源局综合司关于同意试行〈煤炭生产企业信用评价规范〉的复函》	国家能源局
2018 年 3 月 12 日	《山西省人民政府办公厅关于印发山西省深化煤层气（天然气）体制改革实施方案的通知》	山西省人民政府
2018 年 1 月 19 日	《山西省人民政府关于推进煤矿减量重组的实施意见》	山西省人民政府
2017 年 12 月 8 日	《山西省人民政府办公厅关于印发山西省采煤沉陷区综合治理资金管理办法的通知》	山西省人民政府
2017 年 12 月 1 日	《山西省人民政府办公厅关于印发山西省防范化解煤电产能过剩风险工作方案的通知》	山西省人民政府
2017 年 10 月 12 日	《山西省人民政府办公厅关于分解下达 2017 年煤炭行业化解过剩产能新增加目标任务的通知》	山西省人民政府
2016 年 2 月 5 日	《国务院关于煤炭行业化解过剩产能实现脱困发展的意见》	国务院

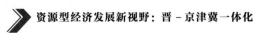

续表

发布日期	政策文件	发布部门
2013 年 11 月 27 日	《国务院办公厅关于促进煤炭行业平稳运行的意见》	国务院
2013 年 10 月 18 日	《国务院办公厅关于进一步加强煤矿安全生产工作的意见》	国务院
2012 年 12 月 25 日	《国务院办公厅关于深化电煤市场化改革的指导意见》	国务院
2011 年 5 月 27 日	《国务院办公厅转发发展改革委安全监管总局关于进一步加强煤矿瓦斯防治工作若干意见的通知》	国家煤矿安监局
2010 年 10 月 21 日	《国务院办公厅转发发展改革委关于加快推进煤矿企业兼并重组若干意见的通知》	国家发展改革委
2008 年 4 月 20 日	《山西省煤炭产量监控系统管理规定》	山西省人民政府
2008 年 3 月 28 日	《国务院关于同意在山西省开展煤炭工业可持续发展政策措施试点意见的批复》	国务院
2007 年 8 月 30 日	《山西省煤炭销售票使用管理办法》	山西省人民政府
2007 年 3 月 10 日	《山西省煤炭可持续发展基金征收管理办法》	山西省人民政府
2006 年 9 月 28 日	《国务院办公厅转发安全监管总局等部门关于进一步做好煤矿整顿关闭工作意见的通知》	国务院
2006 年 7 月 6 日	《国务院办公厅关于加强煤炭行业管理有关问题的意见》	国务院
2006 年 3 月 4 日	《山西省煤炭资源整合和有偿使用办法》	山西省人民政府
2005 年 10 月 28 日	《山西省非法违法煤矿行政处罚规定》	山西省人民政府
2005 年 9 月 3 日	《国务院关于预防煤矿生产安全事故的特别规定》	国务院
2005 年 6 月 7 日	《国务院关于促进煤炭工业健康发展的若干意见》	国务院
2004 年 11 月 4 日	《国务院办公厅关于完善煤矿安全监察体制的意见》	国务院

资料来源：山西省人民政府网站。

3. 环境规制

能源消费是中国经济增长的重要动力，也是环境污染的主要来源。山西省煤炭业为了支撑国民经济的发展，经过长期高强度、粗放式开发，导致了严重的资源环境破坏问题。环境规制是指以实现污染减排、保护环境为目的的社会性规制，它来自古典经济学的"市场失灵"理论。市场机制是最有效的资源配置方式，但在垄断、外部性、公共产品方面存在"失灵"现象。环境属于具有外部性的公共产品，"科斯定理"以及20世纪70年代产生的规制经济学使人们逐步认识到政府必须在"环境市场"上有所作为，通过制定相关的规制政策对经济主体的某些行为（如能源过度投入、污染排放等）加以干预，以达到保持资源环境与经济协调发展的目标。

近年来，山西省加大对煤炭产业的环境规制强度，2006年开始先后颁布了《山西省重点工业污染源治理办法》《山西省重点工业污染监督条例》《山西省加强建设项目环境管理暂行规定》《山西省减少污染物排放条例》等，以立法的形式明确了各级政府的环保监督权，同时也强化了环保部门的执法权和公众的环保参与权。2011年将水、气、声、固废纳入减排的管理范畴，并确立了生态补偿法律机制，污染减排约束性指标体系上升为法律性约束，先后出台了《山西省落实大气污染防治计划实施方案》《山西省加快发展节能环保产业实施方案》《山西省节能环保产业2017年行动计划》，对高效节能产业、先进环保产业和资源循环利用产业提出具体发展目标和针对性措施。2018年响应国家"清费立税"号召，开始正式实施"费改税"，山西省环保部门将不再收取排污费，改由税务机关征收环境保护税。2019年5月29日，中央深改委第八次会议审议通过在山西开展能源革命综合改革试点，山西面临如何解决社会经济发展、结构转型升级、资源环境约束等一系列重大问题。2006~2020年山西省出台的主要环境规制政策如表8-12所示。

表 8 - 12　2006~2020 年山西省出台的主要环境规制政策

年份	规制政策
2006	《山西省煤炭开采生态环境恢复治理规划》《山西省煤炭开发环境影响评价管理暂行规定》《山西省煤炭开采环境管理暂行规定》《山西省违反环境保护法律法规处分暂行办法》《山西省党政领导干部环境保护工作实绩考核办法》《关于加快推进燃煤电烟气脱硫的实施意见》《"十一五"生态环境保护规划》
2007	《山西省领导干部环保实绩考核暂行办法》《山西省煤炭工业环境恢复与治理规划》《炼焦化学工业污染物排放标准》
2008	《山西省主要污染物总量减排统计监测及考核实施办法》
2009	《山西省环境保护行政许可项目电子审批与监察系统》
2010	《山西省环境信息化总体发展规划》《建设项目"三同时"监督检查和竣工环境保护验收管理规程》《山西生态省建设规划纲要》
2011	《山西省"十二五"建设项目主要污染物排放总量核定办法（试行）》《山西省2011 年度农村环境连片整治示范实施方案》《山西省环境保护"十二五"规划》《山西省加强建设项目环境管理暂行规定》《煤粉工业锅炉大气污染物排放标准》《山西省煤炭矿山生态环境状况评价技术规范》《关于印发山西省绿色生态工程实施方案的通知》
2012	《关于进一步调整和下放建设项目环境影响评价文件审批权限的通知》《关于建设项目环境监理收费的指导意见（暂行）》《山西省环境保护厅违法排污行为社会举报制度》《山西省环境信息公开办法（试行）》
2013	《山西省农村生活污水处理设施污染物排放标准》《山西省农村生活污水处理技术指南》
2014	《山西省大气污染防治行动计划实施情况考核暂行办法》
2015	《山西省人民政府办公厅关于加强环境监管执法的通知》《山西省环境保护厅行政处罚实施规范》《山西省环境保护厅重要决策公众参与办法》《山西省环境保护厅综合督查工作暂行办法》
2016	《山西省"十三五"环境保护规划》《山西省排污许可管理改革创新试点实施方案》
2017	《山西省环境保护厅关于进一步加强建设项目环境保护事中事后监管的通知》《控制污染物排放许可制实施计划》
2018	《关于推行区域环评改革的实施意见》《山西打赢蓝天保卫战三年行动计划》
2019	《关于进一步加强环境影响评价和排放管理工作的通知》

年份	规制政策
2020	《山西省环境保护条例实施办法》《山西省固体废物污染环境防治条例》《关于加强生态环境保护优化重点产业布局指导意见》

资料来源：山西省生态环境厅网站。

　　针对不同的环境规制政策对煤炭产业产生影响的作用过程及结果，可以分为直接影响和间接影响。直接影响指环境规制将排污成本内生化，政府通过颁布各种环境规制法律法规，以政府行政命令的方式直接干预高耗能企业的能源消费，强制企业执行节能标准，降低能源消耗。环境规制会给企业生产成本带来负担。第一，实施环境规制会使企业的固定成本与可变成本增加。企业在购买机器设备与厂房选址时要满足环境规制的要求，这增加了企业的固定成本；企业在生产过程中为了应对环境规制，增加了环境要素（为满足低污染生产而投入的生产要素）的投入，包括掌握清洁技术生产的人才、清洁生产的原材料等。由于环境规制强度增加，市场中对环境要素的需求增加，环境要素的价格上升，企业的可变成本也将增加。第二，环境规制增加了企业的显性成本与机会成本。政府通过征收排污费、环境税费、出售排污许可证增加企业的显性成本，使企业的私人成本无限趋近社会成本，外部性内部化，这增加了显性成本。环境规制要求企业增加产量时也要降低污染排放，由于企业资源有限，企业为达到规制要求而挤占了其他可能的营利性产出或者挤占了技术创新需要的研发投入，这将造成机会成本的上升。企业显性成本与机会成本的增加，使其生产一单位产品所要放弃的另一单位的成本上升，即生产成本更高了。间接影响指环境规制通过影响结构调整、技术进步，实现产业结构高级化、资源配置合理化，提高能源效率，减少能源消耗。在山西省，环境规制对煤炭企业技术创新起到的激励作用在短期难以显现，会产生一定的环境规制溢出，造成一部分生产力损失。

目前，山西省施行的环境规制政策主要有排污许可证、排污费收取、煤炭资源税、排污权交易、环境保护标准等。虽然山西省环境规制政策搭配使用了命令控制型与市场激励型的环境规制工具，但是相关数据表明，山西省的环境与经济问题并没有得到特别显著的解决，如能源消耗强度超过全国平均水平，工业碳排放效率排在全国末尾。这说明当前山西省环境规制并没有较好地解决环境与经济协调发展问题。

煤炭资源系统、经济系统、环境系统都不是独立存在的，三者是互相依存的。煤炭资源系统的存在为经济系统和环境系统提供基础；经济系统为煤炭资源系统的发展提供了需求，经济的发展会破坏环境，同时产生的资金和理念可以治理环境；环境系统为经济提供基本的生存条件，遭到破坏之后能反馈给经济系统进而完成治理过程。从长远来看，山西省发展的任何一个系统都不能忽略其他系统，要将煤炭资源、环境保护、经济发展视为一个统一的整体，既要发展经济，又要合理开采煤炭资源、保护环境。合理制定三者之间发展的战略，保证三者之间的协调发展。否则的话，就会导致生态环境的破坏，进而造成经济发展缓慢或停滞（见图 8 - 5）。

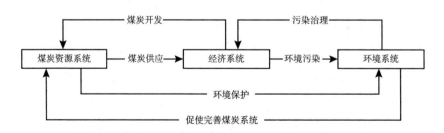

图 8 - 5　煤炭 - 经济 - 环境系统内部协调关系

（三）区域协调障碍

随着我国地区间经济联系越来越紧密，各地方合作的范围和领域不断拓展，政策协调性有了一定的发展，但对同一经济活动的规制仍然存在不一致或者重复的情况。各地区间要加强合作，统一市场规制，为统一大市场的建设提供制度保障。另外，各地区的政策之间之所以存在低效率的组织协调，关键是缺少独立的跨行政区的规制机构。通常，市场经济越发达的国家，规制机构的独立性就越强。保持利益中性的规制机构才能保障规制制定、执行和审查的公正性与科学性。

当前不同区域政府部门间的合作在很大程度上还是靠政府领导推动，这难免会带有一定的主观性，很难保证决策的科学合理性。例如，主管领导的个人偏好、对某项经济事项的关注程度以及换届和职位调整，往往对政府合作有着重要的影响，有些政策或者绩效评估甚至带有明显的每五年或每十年更换的特征。成熟的规制机构体系应该包括高于各行政区的规制改革领导机构、改革议程管理机构和独立的规制改革监管机构等。这可以使管理机构能够识别需要深化改革的领域，在制度上建立一系列可以共同遵循、相互约束的规制，并且持续关注规制改革的效果；独立的监管机构能够评估各行政区的改革效果，并确保各地区绩效报告的透明度。这是深化经济体制改革、创建无缝隙的统一大市场的必备要素。

1. 技术要素流动支持

良好机制的形成通常需要长期磨合，而技术性手段既能起到立竿见影的效果，也能为合作治理机制的成熟提供支持。技术要素可以看作外来的智慧资本，它的进入和资本一样，是不会被要求经济发展的开放地区拒之门外的。那么，外部的新技术会由于技术外溢效应的存在流入经济区，这对打破行政壁垒起到了两个方面的有利作用。一方面，创新技术的应用必须配合新的管理方式，即创新的制度，这一条件的满足会使经济区产生制度的微调或创新，从而降低或弱化区域内的行政壁垒；另一方面，技术在应用过程中会加强微观主体即企业间的联系，有助于跨区域企业间的技术合作与交流，达成技术的区域内共同创新，对行政壁垒形成冲击。

2. 通过内部因素弱化行政壁垒

作为地方政府，有可能充分认识到长远的可持续发展对于地方发展的重要性，因此在一定程度上摒弃"以邻为壑"的政策壁垒也是可能的。只要地方政府想要获得地区间呈现的双赢发展模式，就会尽量约束自己而留给对方更多的机会，达到和谐状态。最终会根本性地转变自我管理方式，成为真正的服务型政府。

3. 科学制定环境规制政策

党的十八大报告明确提出，中国未来发展要走绿色、循环和低碳发展之路。党的十九大报告指出"我国经济已由高速增长阶段转向高质量发展阶段"，再次要求"推进绿色发展"，这为煤炭工业高质量清洁发展指明了方向。但是，"市场失灵"的存在，亟须政府制定科学的环境规制政策以弥补市场机制的不足，实现煤炭企业绿色发展目标。

首先，要科学设计引导煤炭企业绿色高质量发展的环境规制政策。煤炭企业绿色发展面临错综复杂的利益矛盾，需要将政府调控和市场机制有机结合，协调经济发展和生态环境保护的关系。一方面，国家应建立健全环境规制法律体系和监管制度，部署绿色发展目标和措施，解决管理体制与机制不协调不完备的现象，对煤炭企业实施有效约束和管控。另一方面，应充分利用市场机制的调节作用，倒逼煤炭企业绿色创新能力，降低环境规制成本，提升绿色全要素生产率；实现生态环境负外部性的内部化，完善反映煤炭资源供求关系、环境损害成本的价格形成机制。此外，在市场经济条件下，发挥政府环境规制促进煤炭企业绿色转型目标的实现，还需要动员全社会的积极参与。因此，应综合命令控制型、市场激励型和自愿型环境规制政策体系，发挥实施数量－价格环境规制工具的优势作用，充分利用环境税、财政补贴、排污权交易等规制政策，改进环境治理的公众参与机制，激励企业积极披露环境信息，申请环境认证，鼓励煤炭企业自愿参与环境保护。

其次，要积极构建煤炭企业绿色发展模式。绿色发展要求煤炭企业践行近零生态损害的清洁低碳理念，将环境友好思想贯穿煤炭企业发展的整个生命周期，牢固确立提供清洁能源服务的新定位，建立与大自然的生态平衡机制。围绕高效节能环保，增强科技创新能力，大力推广绿色高新开采技术的深层次研究，发挥绿色创新的引擎作用，以创新驱动绿色、安全、智能和高效发展，提高资源开发效率。充分考虑矿区生态环境容量，实现矿山绿色开采，加大煤层气利用，提高矿井水等资源的利用率，降低煤炭开采带来的生态环境破坏，避免走"先污染、后治理"的老路。增强矿区生态修复意识，加大塌陷区土地综合治理，恢复破坏植被，保护生态环境。构建从煤炭生产到煤炭消费全过程的清洁产业链，引导煤炭绿色消费，做到煤炭高效清洁利用与转化相结合，实现煤炭企业高质量绿色可持续发展。

第九章
资源型经济圈的建立路径与战略发展

经济发展战略目标和取向的确定应符合我国社会主义国家制度要求。山西应对自身的实际情况进行详细的了解和分析，制订符合中国特色、多维特色的自贸区战略计划，并将其划分为自贸区，包括资源导向型、政治外交导向型以及市场导向型三种。以核心城市为带动区域发展的根源，进一步发挥资源集聚与区域协同的作用，打造区域性竞争优势，推动整个城市群及区域的快速发展。依据最优货币区理论，从四个不同维度系统考察山西经济圈的一体化特征。对于商品市场，整个山西经济圈的商品市场一体化水平不高，低于山西全省一体化水平，意味着山西与周边省份存在一定程度的分割。总之，一体化水平较低，要素市场的一体化程度基本上低于商品市场。各地区市场间存在较严重的分割。造成这种分割的因素错综复杂，但主要矛盾集中在制度障碍方面。本书对经济一体化发展的制度环境进行了评估，并对各种阻碍一体化的规制壁垒进行了识别，发现阻碍一体化发展的规制壁垒主要有如下几个。第一，行政区划壁垒。这是首要的制度障碍，表现为地方保护主义政策，其中以地区间的行政垄断行为为主，如地区间关税、土地政策等。第二，行政体制性障碍。表现为政府的行政审批效率低下，手续繁杂、成本负担等。第三，区域间协调障碍。主要表现是各地区同一经济活动的规制上存在不一致或重复的情况。国家层面不断进行经济体制改革，一些规制壁垒逐步清除，但触动利益集团的规制更多会转换方式或形式，从而更加隐蔽，需要浪费更多的时间和人力成本予以甄别和消除。

没有制度创新就没有区域一体化的实现。本书通过对山西周边经济圈一体化的特征进行描述并分析，借鉴国际国内区域经济一体化，提出资源型区域经济一体化发展的实施措施和试点领域。如高效规制的制定、低效规制的改革、统一市场规制、竞争性规制、企业营商环境、贸易便利化水平等都需要通过政府机制和政府能力来实现。如何进行制度的协调和更新，如何将所有规制政策、机制和工具完全纳入法律框架，如何通过法治确保规制改革的质量，从而最终实现统一市场的成功，都要从政府和行政机制方面进行讨论。

第一节　深化行政机制在区域经济建设中的积极作用

一　创新开放型机制

破除山西融入京津冀经济圈面临的各自封锁、关卡林立等障碍，全力构建大商贸、大物流、大市场的格局。第一，相互开放各类市场，保持市场透明；第二，资本市场和金融服务自由化推动资本在区域间自由流动；第三，统一技术标准，排除技术标准方面的贸易障碍；第四，相互承认各类技术资格证书，保证持证人员在地区间自由流动和就业；第五，统一创业和企业经营的法规，为企业在地区间流动和合作提供良好的基础。区域之间统一政策，降低要素流动区域的高门槛（高交易成本），消除行政壁垒，实现产品互相准入、资本自由流动、要素自由流动、企业跨区运作的统一市场。

二　建立跨行政区管理机构

跨行政区管理机构是专门处理区域公共问题的联合机构，这类机构的运转首先要以具有权威性的区域协作规则作为保障。在此基础上，还须赋予其专业性和相对独立性。专业性指机构仅面向跨域公共问题而不涉及其他领域，以避免因附着过多功能而出现机构臃肿。相对独立性指在具体事项的处理过程中，不受上级党政部门的干预，从而保证跨行政区事务得以有效协调。这些组织同样能够成为政府之间开展其他方面合作的组织平台。

三　加强地方政府间合作机制

各地区经济发展水平参差不齐、利益诉求多元、区域间关系又错综复杂，因此加强地方政府间合作是重中之重。要以高层互访为引领，构建互惠为主、多边为辅的政府间交流机制，调动相关经济区域参与的积极性和主动性，深化利益融合，努力发挥地方政府在统一市场建设中的作用。

继续进行政府职能改革。相对于社会职能，政府所承担的经济职能日益突出。建立资源特色层面的政府机构，突出各经济区域引领特色，把建设统一市场、深化区域经济一体化作为政府互访的重要内容，形成巨大政治推力，为推进各区域经济合作把握大局、指明方向。

政府的社会职能在统一市场建设过程中应该更多地体现为强化执法安全合作机制，构筑全方位、多层次、立体化的安全网络，保护资源型省份"走出去"。要加大对区域内执法安全部门的援助，帮助区域内维稳控局。总而言之，要努力增进相互信任和相互安全保障，建立更加积极有效的区域性联合应对机制。

四　加强中央政府支持

在国家层面，政府要尽力打破行政区划，避免地方保护主义。要加大财税政策的支持力度，完善城市基础设施建设，提高城市化水平，大力鼓励招商引资，不断规范市场法规，这是统一市场建设任务的重要之举。

第二节 完善市场机制在区域经济建设中的积极作用

在区域经济活动中，由于地理空间相邻，加上交通便利、资源优势互补等基础条件，区域市场的构建早已超出地方行政区域的划分，是跨越各自原有经济利益所进行的经济活动，是在打破原有经济、行政的区划后进行的市场整合。从市场的空间布局上看，区域市场把地方性市场和全国统一市场联系在了一起，或者成为统一市场的中间环节。可见，统一市场建设的基础是区域市场的合理、有效整合，是市场机制的普及和成熟化的过程。

一 加强统一市场建设过程中的市场集聚机制

通过推动区域内主导产业的发展，区域市场内的资源、人才、技术、资金等生产要素实现在中心城市的合理配置，形成市场空间的集聚，有利于生产、交换、消费等活动效率的提高，降低交易成本，从而获得经济效益最大化。

二 重视统一市场建设过程中的市场互补机制

无论在区域经济一体化范围之内还是之外，在实现统一市场之前，由于时间和空间的差异，资金、技术、资源、人才等生产要素也存在一定的差异。需要对这些生产要素进行比较分析以及合理评估，才能实现生产要素的合理分配，达到互惠互利、优势互补，从而促使区域经济结构优化以及区域间均衡协调发展。

三　发挥统一市场建设过程中的市场协调机制

在区域市场内，各经济主体之间的有效配合，有利于区域市场有序、高效、合理运行，促使市场交易费用降低。各经济主体之间有着共同的利益和一致的外部矛盾，有利于统一市场的快速、稳定发展，并保持可持续发展的竞争力。

四　完善统一市场建设过程中的市场扩张机制

在建设统一市场的过程中，生产要素能够在市场中自由流动，可以在区域之间进行聚集、重组，在统一的市场上实现新的更强大的聚集。市场扩张机制通过区域组织实现市场一体化，推动区域经济的协调发展，加强区域间经济合作与交流，实现国家层面上的市场一体化。

第三节　发展组织机制在区域经济建设中的积极作用

发展组织机制有利于促进区域内或国内统一市场的形成。在全球经济蓬勃发展的过程中，出于对经济、政治等多方面共同利益的追求，许多区域性一体化组织应运而生。目前，在一定程度上成功实现了市场统一、贸易自由的区域性组织有欧盟、北美自由贸易区、东南亚国家联盟等。了解和学习国际上成功实践的区域经济组织，对指导我国区域市场建设的政策引导、时间安排等有可贵的借鉴意义。

一　欧洲联盟

欧洲联盟（European Union，EU），简称"欧盟"，是目前世界上一体化程度较高的区域政治、经济组织，由其前身欧共体发展而来。欧盟在形成广泛的经济联盟之前，早已形成了政治联盟。1952年7月25日，《欧洲煤钢共同体条约》正式生效，欧洲一体化进程拉开序幕，随后法、德、意、荷、比、卢在意大利罗马签订了《罗马条约》（《欧洲经济共同体条约》和《欧洲原子能共同体条约》），建立了关税同盟。1967年欧洲共同体正式成立。欧共体不仅建立了共同的农业政策，而且建立了欧洲货币体系，在成员间构建了稳定的货币协调和管理机制，形成了欧洲货币统一的雏形——欧洲货币单位，并设立了协调成员经济结构与经济增长的地区结构基金。之后，欧共体逐步实施了各项共同政策，如共同贸易、共同渔业、共同交通、共同能源、共同竞争、共同社会、法律政策等，实现了货物、服务、资本在区域内自由流通，欧洲共同体统一大市场基本建成。1999年1月1日，欧盟启动了单一货币欧元，更是对欧盟经济一体化起到了加速的作用。

二　北美自由贸易区

美国经济发展长期以来都有非常明显的特征。20世纪80年代以来，美国经济在快速发展的同时贸易赤字也连年攀高。在这种情况下，美国实施国内贸易保护主义，实行"对等贸易""互惠贸易"，还有更为显著的措施，即开始建立自由贸易区。1980年里根总统竞选时提出了建立一个包括美国、加拿大、墨西哥以及加勒比海诸国在内的"北美共同市场"的设想，1988年美国和加拿大两国签署《美加自由贸易协定》，1989年1月1日正式建立北美自由贸易区（NAFTA）。区域经济合作的主要内容涉及关税减免、非关税壁垒、原产地规则、农产品贸易、能源、倾销与补贴、知识产权和争端解决等。此后，其不断扩大区域成员范围，加深经济联系，在其成长、成熟的过程中面对来自许多方面的争议和压力，对《北美自由贸易协议》进行了诸多补充，1994 年 1 月 1 日北美自由贸易区正式成立。

三　东南亚国家联盟

东南亚国家联盟（ASEAN），简称"东盟"。1967 年《曼谷宣言》的发表，标志着东南亚国家联盟成立。此后，东盟不断增加同盟国，几乎覆盖了整个东南亚地区，成为令世界瞩目的由发展中国家组成的区域性国际组织。其宗旨是"以平等与协作精神，共同努力促进本地区的经济增长、社会进步和文化发展"，"遵循正义、国家关系准则和《联合国宪章》，促进东南亚的和平与稳定"。1993 年 1 月 1 日，酝酿了 20 多年的东盟自由贸易区计划开始实施。

四　小结

目前，统一市场建设在地理区位相邻、经济内涵相近或互补、社会文化环境相通的国家之间加强合作上是权宜之计，如欧盟、东盟、北美自由贸易区、南美共同市场、西非国家经济共同体等。欧盟、北美自由贸易区等内部构建统一市场的经验固然值得借鉴，但从世界市场统一化的高度看，先构建区域性的共同市场，再向全世界统一市场方向过渡的战略思维，对我国统一市场的建立和一体化进程具有启示意义。

立足国情，我国同样可以依据市场发育程度和经济发展规模等经济属性来划定内部能够相互补充和相互协同发展的区域，优先推行国内区域市场一体化，从而为将来国家、国际统一市场的建立奠定坚实基础。目前，我国正逐步走向成熟的珠三角、长三角及京津冀区域经济一体化已经在诸多方面做出了有益的尝试。今后，我国应该遵循"区域化到一体化"的思路构建区域经济组织，使各区域成员也能在统一的制度安排下对区域经济结构进行调整。扶持国内落后地区的经济发展，努力缩小不同地区间的发展差距，是保持统一市场健康、可持续发展的重要环节。"一带一路"建设有助于统筹国内和国际两个大局，是造福"一带一路"国家和人民的伟大事业，是实现我国社会主义现代化的重大举措。

参考文献

[1] 安虎森、李瑞林：《区域经济一体化效应和实现途径》，《湖南社会科学》2007 年第 5 期。

[2] 白重恩、杜颖娟、陶志刚、仝月婷：《地方保护主义及产业地区集中度的决定因素和变动趋势》，《经济研究》2004 年第 4 期。

[3] 白孝忠、孟子贻：《中三角城市群产业同构性评价及协同发展分析》，《商业经济研究》2018 年第 7 期。

[4] 保建云：《国际区域合作的经济学分析——理论模型与经验证据》，中国经济出版社，2008。

[5] 〔比〕保罗·德·格劳威：《货币联盟经济学（第五版）》，汪洋译，中国财政经济出版社，2004。

[6] 〔美〕保罗·R. 克鲁格曼、茅瑞斯·奥伯斯法尔德：《国际经济学：理论与政策（第六版）》，海闻译，中国人民大学出版社，2006。

[7] 〔美〕保罗·R. 克鲁格曼、茅瑞斯·奥伯斯法尔德：《国际经济学：理论与政策（第四版）》，海闻译，中国人民大学出版社，1998。

[8] 鲍里斯·塞泽尔基：《区域和区域间合作的因素》，载布雷达·帕夫里奇等主编《南南合作的挑战》，赵穗生译，中国对外经济

贸易出版社，1987。

[9]〔英〕彼得·罗布森：《国际一体化经济学》，戴炳然等译，上海译文出版社，2001。

[10]〔美〕彼得·纽曼、〔美〕默里·米尔盖特、〔英〕约翰·伊特韦尔：《新帕尔格雷夫货币金融大辞典》，胡坚译，经济科学出版社，2000。

[11] 蔡宏波、黄建忠：《国外自由贸易协定研究新进展》，《国际贸易问题》2008 年第 7 期。

[12] 曹宏成：《中国出口贸易流量研究——基于引力模型的实证》，《工业技术经济》2007 年第 1 期。

[13] 陈彪如：《国际金融概论（第三版）》，华东师范大学出版社，1996。

[14] 陈栋生、王崇举、廖元和：《区域协调发展论》，经济科学出版社，2005。

[15] 陈红霞、席强敏：《京津冀城市劳动力市场一体化的水平测度与影响因素分析》，《中国软科学》2016 年第 2 期。

[16] 陈军才、白淑云：《粤港澳经济一体化的实证分析》，《南方经济》2006 年第 12 期。

[17] 陈雷、李坤望：《区域经济一体化与经济增长收敛性：实证分析》，《南开经济研究》2005 年第 2 期。

[18] 陈淼鑫：《最优货币理论及东亚单一货币区的构想》，《财经研究》2002 年第 2 期。

[19] 陈剩勇、马斌：《区域间政府合作：区域经济一体化的路径选择》，《政治学研究》2004 年第 1 期。

[20] 陈雯：《东盟自由贸易区区内贸易的产业内贸易研究》，《世界经济研究》2003 年第 1 期。

[21] 陈雯：《试析东盟自由贸易区建设对东盟区内贸易的影响》，

《世界经济》2002 年第 12 期。

［22］陈晓峰、成长春：《长江经济带高新技术产业协同发展的现实困境与机制创新》，《南通大学学报（社会科学版）》2019 年第 3 期。

［23］陈岩：《国际一体化经济学》，商务印书馆，2001。

［24］陈甫军、丛子薇：《京津冀市场一体化协同发展：现状评估及发展预测》，《首都经济贸易大学学报》2017 年第 1 期。

［25］陈雨露、边卫红：《货币同盟理论：最优货币区衡量标准的进展》，《国际金融研究》2004 年第 2 期。

［26］成艾华、喻婉：《长江经济带产业转移、产业分工与一体化发展》，《中南民族大学学报（人文社会科学版）》2018 年第 6 期。

［27］程传海：《最优货币区理论研究的发展》，《开放导报》2006 年第 4 期。

［28］程惠芳、阮翔：《用引力模型分析中国对外直接投资的区位选择》，《世界经济》2004 年第 11 期。

［29］戴金平：《东亚的货币金融合作的经济政治基础分析》，《南开经济研究》2004 年第 3 期。

［30］丁剑平、谌卫学：《汇率非线性因素在部分亚洲货币汇率中的特征——检验购买力平价论的新方法》，《财经研究》2010 年第 2 期。

［31］董延涌：《辽宁沿海经济带区域一体化发展对策》，《宏观经济管理》2011 年第 1 期。

［32］都阳、蔡昉：《中国制造业工资的地区趋同性与劳动力市场一体化》，《世界经济》2004 年第 8 期。

［33］杜厚文、李小牧、王广中：《欧元：区域货币一体化的矛盾与挑战》，中国金融出版社，2003。

［34］杜厚文、王广中：《欧元的世纪：欧洲经济与货币联盟理论与实践》，法律出版社，2003。

［35］杜茂宝、张颖、苏蔚、曹先磊：《京津冀市场一体化进程及其影响因素的度量分析》，《资源开发与市场》2018年第6期。

［36］杜群阳、宋玉华：《中国－东盟自由贸易区的FDI效应》，《国际贸易问题》2004年第3期。

［37］〔美〕多米尼克·萨尔瓦多：《国际经济学（第10版）》，杨冰等译，清华大学出版社，2011。

［38］鄂永健：《中国地区间价格水平差距趋于收敛还是发散——基于省际面板数据的单位根检验》，《经济评论》2007年第5期。

［39］樊纲、王小鲁、张立文：《中国各地区市场化进程报告》，《中国市场》2001年第6期。

［40］樊莹：《中国参与区域经济一体化的战略利益与特点》，《国际经济合作》2005年第3期。

［41］范爱军、都春燕：《贸易自由化与经济收敛的关联性研究——基于中国－东盟自由贸易区视角》，《亚太经济》2010年第6期。

［42］高铁梅：《计量经济分析方法与建模：EViews应用及实例（第二版）》，清华大学出版社，2009。

［43］谷克鉴：《国际经济学对引力模型的开发与应用》，《世界经济》2001年第2期。

［44］谷源洋、郝忠胜：《区域经济一体化的理性选择——建立自由贸易区及其相关理论问题》，《财经问题研究》2004年第2期。

［45］桂琦寒、陈敏、陆铭、陈钊：《中国国内商品市场趋于分割还是整合：基于相对价格法的分析》，《世界经济》2006年第2期。

［46］郭爱君、贾善铭：《经济增长β收敛研究：基于西部地区1952－

2007 年的省级面板数据》，《兰州大学学报（社会科学版）》2010年第 4 期。

[47] 郭灿：《最优货币区理论研究进展》，《经济学动态》2004 年第4 期。

[48] 郭军华、李帮义：《中国经济增长与环境污染的协整关系研究——基于 1991 - 2007 年省际面板数据》，《数理统计与管理》2010 年第 2 期。

[49] 国家统计局网站，http：//www. stats. gov. cm/。

[50] 何慧刚：《最优货币区理论与东亚货币合作问题研究》，中国财政经济出版社，2005。

[51] 洪俊杰、黄薇、张蕙、陶攀：《中国企业走出去的理论解读》，《国际经济评论》2012 年第 4 期。

[52] 胡海明、杨丹萍：《我国金融发展与对外贸易的互动关系研究——基于工业制成品行业面板数据的比较分析》，《经济论坛》2010 年第 9 期。

[53] 胡黎明、赵瑞霞：《产业集群式转移整合区域产业链的机理研究》，《统计与决策》2017 年第 19 期。

[54] 胡援成：《人民币实际汇率与购买力平价》，《当代财经》2003年第 2 期。

[55] 黄帅、王清刚：《湖北省产业结构影响因素的实证分析》，《统计与决策》2012 年第 16 期。

[56] 黄素庵、甄炳禧：《重评当代资本主义经济：科学技术进步与资本主义经济的变化》，世界知识出版社，1996。

[57] 黄晓东：《两岸四地建立中元区的可行性研究——基于 OCA 指数的分析》，《国际贸易问题》2006 年第 4 期。

[58] 侭晓光：《从新制度经济学角度看经济全球化和区域经济一体化》，《经济与管理》2005 年第 8 期。

［59］贾卓鹏、贺向明：《最优货币区理论与我国区域货币政策选择》，《上海金融学院学报》2004 年第 3 期。

［60］江涌：《"最适度货币区"理论的实践与展望》，《国际经贸探索》2000 年第 2 期。

［61］姜鸿、张相文：《自由贸易区下产业安全模型及中国自由贸易区战略选择》，《宏观经济研究》2010 年第 10 期。

［62］姜书竹、张旭昆：《东盟贸易效应的引力模型》，《数量经济技术经济研究》2003 年第 10 期。

［63］蒋冠宏、蒋殿春：《中国对外投资的区位选择：基于投资引力模型的面板数据检验》，《世界经济》2012 年第 9 期。

［64］金玉国：《宏观制度变迁对转型时期中国经济增长的贡献》，《财经科学》2001 年第 2 期。

［65］靳玉英、李翔：《基于神经网络对购买力平价理论的实证研究及其政策含义》，《国际金融研究》2003 年第 4 期。

［66］景普秋、罗润东：《经济全球化下中国区域经济一体化的思考》，《山西财经大学学报》2002 年第 4 期。

［67］柯冬梅：《最优货币区理论及其对中国货币政策的借鉴》，《中央财经大学学报》2001 年第 1 期。

［68］柯善咨、郭素梅：《中国市场一体化与区域经济增长互动：1995－2007 年》，《数量经济技术经济研究》2010 年第 5 期。

［69］雷志卫：《欧洲货币联盟的理论基础与运作机制》，中国金融出版社，2000。

［70］李琮：《当代资本主义的新发展》，经济科学出版社，1998。

［71］李富有：《区域货币合作：理论、实践与亚洲的选择》，中国金融出版社，2004。

［72］李国平：《京津冀区域发展报告（2014）》，科学出版社，2014。

［73］李国平、陈晓玲：《中国省区经济增长空间分布动态》，《地理

学报》2007年第10期。

[74] 李建平：《全国省域经济综合竞争力评价》，《综合竞争力》2009年第1期。

[75] 李江：《新丝绸之路：打通亚欧新通渠》，《新金融观察》2014年11月17日。

[76] 李林、赵文丹：《国家中心城市的选择与功能定位》，《学术交流》2012年第4期。

[77] 李荣林：《中国－东盟自由贸易区与东亚区域经济一体化》，《当代亚太》2005年第8期。

[78] 李荣谦：《国际货币与金融（第三版）》，中国人民大学出版社，2006。

[79] 李瑞林、骆华松：《区域经济一体化：内涵、效应与实现途径》，《经济问题探索》2007年第1期。

[80] 李皖南：《东盟区域经济合作的投资效应研究》，《东南亚研究》2006年第3期。

[81] 李小平、陈勇：《劳动力流动、资本转移和生产率增长——对中国工业"结构红利假说"的实证检验》，《统计研究》2007年第7期。

[82] 李雪、金琦：《京津冀地区金融发展对产业结构调整的影响分析：区市证据》，《四川师范大学学报（社会科学版）》2019年第3期。

[83] 李玉举：《区域经济一体化研究动态：国外文献综述》，《世界贸易组织动态与研究》2010年第5期。

[84] 李志宏：《长期购买力平价：来自东亚的证据》，《制度经济学研究》2007年第2期。

[85] 李志军、张世国、李逸飞、单珊：《中国城市营商环境评价及有关建议》，《江苏社会科学》2019年第2期。

［86］李志强：《山西资源型经济转型发展报告（2014）》，社会科学文献出版社，2014。

［87］李尊然：《论区域经济一体化与全球经济一体化的关系》，《沧桑》2007年第4期。

［88］梁昊光主编《中国区域经济发展报告（2013～2014）》，社会科学文献出版社，2014。

［89］梁双陆、程小军：《国际区域经济一体化理论综述》，《经济问题探索》2007年第1期。

［90］林光平、龙志和、吴梅：《我国地区经济收敛的空间计量实证分析：1978－2002年》，《经济学（季刊）》2005年第S1期。

［91］林桂军：《博鳌亚洲论坛亚洲经济一体化进程2012年度报告》，对外经济贸易大学出版社，2012。

［92］林桂军、邓世专：《亚洲工厂及关联度分析》，《世界经济与政治》2011年第11期。

［93］林毅夫、刘明兴：《中国的经济增长收敛与收入分配》，《世界经济》2003年第8期。

［94］林毅夫、刘培林：《地方保护和市场分割：从发展战略的角度考察》，北京大学中国经济研究中心工作论文，No. C2004015，2004。

［95］林志鹏：《区域市场一体化影响经济增长的空间经济计量研究》，华南理工大学博士学位论文，2013。

［96］刘光溪：《互补性竞争论——区域集团与多边贸易体制》，经济日报出版社，2006。

［97］刘家骥：《世界经济区域化浪潮》，立信会计出版社，1996。

［98］刘洁灵：《产业集聚视角下我国流通业与旅游业协同发展实证研究——以西南地区为例》，《商业经济研究》2019年第19期。

［99］刘静：《澳大利亚、新西兰－东盟自由贸易区的背景、意义及

展望》，《亚太经济》2005 年第 4 期。

[100] 刘李佳、王浩宇：《基于投入产出模型的京津冀区域产业溢出及反馈效应研究》，《经济问题》2018 年第 7 期。

[101] 刘力：《南北型自由贸易区：发展中国家区域经济一体化的方向》，《世界经济研究》1999 年第 2 期。

[102] 刘力、宋少华：《发展中国家经济一体化新论》，中国财政经济出版社，2002。

[103] 刘生龙、胡鞍钢：《交通基础设施与中国区域经济一体化》，《经济研究》2011 年第 3 期。

[104] 刘生龙、张捷：《空间经济视角下中国区域经济收敛性再检验——基于 1985－2007 年省级数据的实证研究》，《财经研究》2009 年第 12 期。

[105] 刘馨蔚：《逆流而上，追溯"海丝"》，《中国对外贸易》2014 年第 11 期。

[106] 刘艳霞、朱蓉文、黄吉乔：《海上丝绸之路沿线地区概况及深圳参与建设的潜力分析》，《城市观察》2014 年第 6 期。

[107] 刘怡、周凌云、耿纯：《京津冀产业协同发展评估：基于区位熵灰色关联度的分析》，《中央财经大学学报》2017 年第 12 期。

[108] 刘玉贵、张雯：《全球区域经济一体化浪潮的特点及动因探析》，《特区经济》2006 年第 3 期。

[109] 刘育红、王曦：《"新丝绸之路"经济带交通基础设施与区域经济一体化——基于引力模型的实证研究》，《西安交通大学学报（社会科学版)》2014 年第 2 期。

[110] 刘云中、刘泽云：《中国区域经济一体化程度研究》，《财政研究》2011 年第 5 期。

[111] 刘忠华：《东北亚区域经济一体化发展趋势与实现途径》，《东

北亚论坛》2005 年第 6 期。

[112] 龙志和、林志鹏、吴梅、吴小节：《商品市场一体化的经济增长差异效应——以珠三角为例（2000～2009 年）》，《软科学》2012 年第 12 期。

[113] 鲁晓东、李荣林：《区域经济一体化、FDI 与国际生产转移：一个自由资本模型》，《经济学（季刊）》2009 年第 8 期。

[114] 陆建人：《论亚洲经济一体化》，《当代亚太》2006 年第 5 期。

[115] 陆建人：《亚太经合组织与中国》，北京经济管理出版社，1997。

[116] 陆丽娜、胡峰、刘媛：《战略性新兴产业集群梯度差异与协同发展——基于江苏的数据分析》，《科技管理研究》2019 年第 20 期。

[117] 陆铭、陈钊：《分割市场的经济增长——为什么经济开放可能加剧地方保护？》，《经济研究》2009 年第 3 期。

[118] 骆玉鼎：《区域经济发展不平衡与货币总量调控的局限性——最适货币区理论对宏观政策选择的启示》，《金融研究》1998 年第 4 期。

[119] 马根发：《最优货币区理论与我国区域货币政策选择》，《当代经济研究》2005 年第 9 期。

[120] 马树强、金浩、张贵：《河北省经济发展报告（2014）》，社会科学文献出版社，2014。

[121] 〔加〕蒙代尔：《蒙代尔经济学文集第五卷》，向松祚译，中国金融出版社，2003。

[122] 孟庆民：《区域经济一体化的概念与机制》，《开发研究》2001 年第 2 期。

[123] 穆川：《亚太经合组织与新西兰》，《光明日报》1999 年 9 月 10 日。

[124] 聂辉华、阮睿、宋佳义：《地方政府如何面对安全与增长的两难冲突？——来自煤矿关闭的证据》，《山东大学学报（哲学社会科学版）》2019 年第 3 期。

[125] 聂元贞：《区域经济一体化的路径选择理论评价》，《经济学动态》2005 年第 8 期。

[126] 庞智强：《各地区省城经济综合开放程度的测定》，《统计研究》2008 年第 1 期。

[127] 裴长洪、赵忠秀、彭磊：《经济全球化与当代国际贸易》，社会科学文献出版社，2007。

[128] 皮建才：《中国地方政府间竞争下的区域市场整合》，《经济研究》2008 年第 3 期。

[129] 戚晓曜、郑雪：《区域劳动力市场一体化研究——基于海西区与长三角、珠三角的比较》，《经济问题》2012 年第 11 期。

[130] 钱学锋、熊平：《中国出口增长的二元边际及其因素决定》，《经济研究》2010 年第 1 期。

[131] 邱冬阳：《人民币购买力平价——1997－2005 年数据的协整分析》，《经济研究》2006 年第 5 期。

[132] 任杰、王雨飞：《粤澳地区经济增长的协同性研究》，《北京理工大学学报（社会科学版)》2014 年第 2 期。

[133] 任志新：《略论区域经济一体化带来的经济效应》，《商业时代》2006 年第 18 期。

[134] 商务部网站，http：//www. mofcom. gov. cn/。

[135] 申海：《中国区域经济差距的收敛性分析》，《数量经济技术经济研究》1999 年第 8 期。

[136] 沈立人、戴园晨：《我国"诸侯经济"的形成及其弊端和根源》，《经济研究》1990 年第 3 期。

[137] 盛斌：《亚太自由贸易区的政治经济分析：中国视角》，《世界

经济与政治》2007 年第 3 期。

[138] 石娟、刘彦璎、逯业娜：《京津冀产业协同发展评价模型研究》，《天津大学学报（社会科学版）》2018 年第 4 期。

[139] 史朝兴、顾海英：《贸易引力模型研究新进展及其在中国的应用》，《财贸研究》2005 年第 3 期。

[140] 舒波：《北美自由贸易区成效分析及利益比较》，《世界经济研究》2004 年第 7 期。

[141] 宋之杰、唐晓莉：《京津冀协同发展背景下河北省信息产业关联效应分析》，《数学的实践与认知》2019 年第 8 期。

[142] 苏桪芳、蔡经汉、王世杰：《中国区域相对价格水平收敛性实证研究》，《华东交通大学学报》2010 年第 3 期。

[143] 孙博文、谢贤君、程志强：《城乡劳动力市场一体化的可持续减贫效应——基于 OECD 绿色增长框架下的绿色减贫效率》，《生态经济》2019 年第 12 期。

[144] 孙文远、裴育：《长三角劳动力市场一体化进程：基于工资视角的分析》，《江苏社会科学》2010 年第 2 期。

[145] 孙彦明：《京津冀产业协同发展的路径及对策》，《宏观经济管理》2017 年第 9 期。

[146] 汤碧：《区域经济一体化模式比较》，《南开经济研究》2002 年第 3 期。

[147] 唐宜红、王微微：《区域经济一体化伙伴国的经济发展水平与本国经济增长关系的实证分析》，《亚太经济》2007 年第 2 期。

[148] 陶攀、荆逢春：《中国企业对外直接投资的区位选择——基于企业异质性理论的实证研究》，《世界经济研究》2013 年第 9 期。

[149] 田青：《亚太区域经济一体化的效应分析》，《亚太经济》1999

年第 1 期。

[150] 佟家栋、王芳：《欧盟经济一体化及其深化的动力探讨》，《南开经济研究》2000 年第 1 期。

[151] 王朝华：《环渤海经济圈的发展及合作构想》，《经济研究导刊》2009 年第 1 期。

[152] 王磊：《地区特征与中国地区间价格水平差异收敛性——基于 PANIC 方法的面板单位根检验》，《当代经济管理》2010 年第 9 期。

[153] 王磊：《我国地区间相对价格水平收敛性再检验——基于面板门限套利模型的经验研究》，《当代经济科学》2012 年第 4 期。

[154] 王微微、林江：《我国参与区域经济一体化的特征及策略选择》，《商业时代》2008 年第 30 期。

[155] 王小鲁、樊纲、胡李鹏：《中国分省份市场化指数报告(2018)》，社会科学文献出版社，2019。

[156] 王新奎：《世界贸易组织十周年：回顾与前瞻》，人民出版社，2005。

[157] 王瑜：《长极理论与实践评析》，《商业研究》2011 年第 4 期。

[158] 王宇飞、高翔：《中国 - 东盟自由贸易区贸易创造与贸易转移效应》，《当代经济》2005 年第 7 期。

[159] 王元凯：《中国城乡价格水平差异研究——基于 1995 - 2005 年省级面板数据》，《统计研究》2008 年第 5 期。

[160] 王志强、齐佩金、孙刚：《人民币汇率购买力平价的界限检验》，《数量经济技术经济研究》2004 年第 2 期。

[161] 韦金鸾：《南北型区域经济一体化的影响》，《世界经济研究》2001 年第 6 期。

[162] 温彬：《论南北经济一体化》，《世界经济与政治》1996 年第

8 期。

[163] 吴丹：《东亚双边进口贸易流量与潜力：基于贸易引力模型的实证研究》，《国际贸易问题》2008 年第 5 期。

[164] 《习近平：推广上海自贸区可复制的试点经验》，《WTO 经济导刊》2014 年第 12 期。

[165] 冼国义：《区域经济合作：新特点及中国的对策》，《财贸经济》2004 年第 12 期。

[166] 谢智勇、徐璋勇、宋小虎等：《亚洲金融危机以来人民币汇率与进出口贸易增长关系的实证分析》，《国际金融研究》1999 年第 7 期。

[167] 邢军：《论我国参与区域经济一体化的战略思路》，《经济纵横》2006 年第 7 期。

[168] 徐剑刚、唐国兴：《购买力平价的群体单位根检验》，《复旦学报（自然科学版）》2001 年第 6 期。

[169] 徐现祥、李郇：《市场一体化与区域协调发展》，《经济研究》2005 年第 12 期。

[170] 宣昌勇、郭韶伟、晏维龙：《从空间经济学看东亚区域经济一体化进程》，《国际经济合作》2012 年第 8 期。

[171] 薛荣久：《世贸组织与中国大经贸发展》，对外经济贸易大学出版社，1997。

[172] 阎世平等：《宏观经济、区域经济一体化与区域发展——国际区域经济合作与产业发展论坛综述》，《经济研究》2010 年第 7 期。

[173] 杨帆、滕建州：《东亚贸易自由化与经济收敛关系研究》，《经济学家》2013 年第 3 期。

[174] 杨枫桦：《上海自贸区——新一轮的发展战略与效应探讨》，《中国商贸》2014 年第 11 期。

[175] 杨开忠：《迈向空间一体化》，四川人民出版社，1993。

[176] 杨松：《北京经济发展报告（2013－2014)》，社会科学文献出版社，2014。

[177] 杨维凤、景体华：《当前我国区域经济发展态势分析》，《经济研究参考》2013 年第 66 期。

[178] 杨勇：《国际区域经济一体化与中国对外贸易——基于贸易效应与生产效应的研究》，人民出版社，2011。

[179] 叶堂林、毛若冲：《基于联系度、均衡度、融合度的京津冀协同发展状况研究》，《首都经济贸易大学学报》2019 年第 2 期。

[180] 易小准：《中国参与区域经济合作的抉择与作为》，《中国对外贸易》2007 年第 7 期。

[181] 银温泉、才婉茹：《我国地方市场分割的成因和治理》，《经济研究》2001 年第 6 期。

[182] 喻闻、黄季：《从大米市场整合程度看我国粮食市场改革》，《经济研究》1998 年第 3 期。

[183] 张宝通：《西安：丝路新起点要从打造六大中心做起》，《中国经济导报》2014 年 7 月 26 日。

[184] 张贡生：《"六五"～"十二五"：中国经济增长点－轴的演变及引申》，《当代经济管理》2014 年第 1 期。

[185] 张晗、舒丹：《京津冀产业协同的影响因素研究》，《金融与经济》2019 年第 3 期。

[186] 张鸿：《建立中国－东盟自由贸易区的制约因素与前景》，《国际经贸》2002 年第 5 期。

[187] 张建民：《WTO 时代区域经济一体化的发展与中国的对策》，《财贸经济》2003 年第 4 期。

[188] 张军：《论县域农村经济发展的动力机制》，《改革与战略》

2007 年第 2 期。

[189] 张军：《珠三角区域经济非均衡增长因素研究——基于 Panel Data 的计量分析》，《改革与战略》2010 年第 3 期。

[190] 张辽：《要素流动、产业转移与地区产业空间集聚——理论模型与实证检验》，《财经论丛》2016 年第 6 期。

[191] 张辽：《要素流动、产业转移与区域经济发展》，华中科技大学博士学位论文，2013。

[192] 张琳、李享、刘欣：《京津冀生物医药产业的协同发展——以高新技术企业为视角》，《统计与管理》2018 年第 12 期。

[193] 张璐：《区域经济一体化促进经济增长收敛的机制分析》，《西北师大学报（社会科学版）》2010 年第 1 期。

[194] 张婷：《中国统一市场建设理论与实证研究——以山西区域经济一体化为例》，山西经济出版社，2016。

[195] 张晓朴：《均衡与失调：1978—1999 人民币汇率合理性评估》，《金融研究》2000 年第 8 期。

[196] 张欣蕾、林侠、蔡璐：《京津冀协同发展下河北省居民消费结构与产业结构关联度分析》，《商业经济研究》2019 年第 2 期。

[197] 张秀生、卫鹏鹏：《区域经济理论》，武汉大学出版社，2005。

[198] 张学良：《中国区域经济收敛的空间计量分析——基于长三角 1993-2006 年 132 个县市区的实证研究》，《财经研究》2009 年第 7 期。

[199] 张亚明、张心怡、唐朝生：《京津冀区域经济一体化的困境与选择——与"长三角"对比研究》，《北京行政学院学报》2012 年第 6 期。

[200] 张亚鹏：《京津冀产业协同发展反思：一个整体框架设计》，《区域经济评论》2018 年第 2 期。

[201] 张幼文等：《世界经济一体化的历程》，学林出版社，1999。

[202] 张玉芹：《海关特殊监管区域评价指标体系的构建》，《港口经济》2012年第7期。

[203] 张志超：《略论人民币汇率制度的选择》，《华东师范大学学报（哲学社会科学版）》2003年第1期。

[204] 赵金丽、张学波、宋金平：《京津冀劳动力市场一体化评价及影响因素》，《经济地理》2017年第5期。

[205] 赵伟、程艳：《区域经济一体化的理论溯源及最新进展》，《商业经济与管理》2006年第6期。

[206] 赵永亮、才国伟：《市场潜力的边界效应与内外部市场一体化》，《经济研究》2009年第7期。

[207] 郑昭阳、孟猛：《东北亚自由贸易区的路径选择及经济影响分析》，《经济纵横》2007年第6期。

[208] 周桂荣、任子英：《区域产业功能定位重构及协同发展机制创新——以京津冀为例》，《区域经济评论》2017年第1期。

[209] 周黎安：《晋升博弈中政府官员的激励与合作——兼论我国地方保护主义和重复建设问题长期存在的原因》，《经济研究》2004年第6期。

[210] 周立群、夏良科：《区域经济一体化的测度与比较：来自京津冀、长三角和珠三角的证据》，《江海学刊》2010年第4期。

[211] 周敏：《最优货币区：理论综述及思考》，《欧洲经济一体化研究》2004年第3期。

[212] 周强、李伟：《制定中国区域经济合作总体战略的思考》，《国际经济合作》2005年第8期。

[213] 周少华：《浅谈长株潭城市群一体化发展模式》，《金融经济（理论版）》2006年第9期。

[214] 周申、易苗：《中国劳动力市场一体化与经济开放》，《中南财

经政法大学学报》2010 年第 6 期。

[215] 周文夫：《河北经济社会发展报告（2014）》，社会科学文献出版社，2014。

[216] 朱洪：《中国参与南南合作的比较优势》，《国际经济合作》2009 年第 11 期。

[217] 朱孟楠、陈硕：《"中元区"的构建：现实可行性及前景展望》，《厦门大学学报（哲学社会科学版）》2004 年第 4 期。

[218] 朱青：《欧元与欧洲经货联盟——欧洲货币统一的理论与实践》，中国人民大学出版社，1999。

[219] 朱显平、邹向阳：《上海合作组织框架下的区域经济一体化：进展与动力》，《俄罗斯中亚东欧研究》2010 年第 3 期。

[220] 祝丹涛：《最优货币区批判性译析》，《世界经济》2005 年第 1 期。

[221] 邹卫星、周立群：《区域经济一体化进程剖析：长三角、珠三角与环渤海》，《改革》2010 年第 10 期。

[222] 左继宏：《区域经济指标体系及评价方法》，《统计与决策》2004 年第 2 期。

[223] Abiad, A. G., Leigh, D., and Mody, A., "International Finance and Income Convergence: Europe is Different", Washington: International Monetary Fund, IMF Working Paper 07/64, 2007.

[224] Alberola-Ila, E., and Tyrvinen, T., "Is there Scope for Inflation Differentials in EMU? An Empirical Evaluation of the Balassa-Samuelson Model in EMU Countries", Working Papers, 1998.

[225] Amiti, M., "New Trade Theories and Industrial Location in the EU: a Survey of Evidence", *Oxford Review of Economic Policy*, 1998, 14 (2): 45 – 53.

［226］ Arrow, K. J. , "The Economic Implications of Learning by Doing", *Review of Economic Studies*, 1962, 29 (3): 155 – 173.

［227］ Baidwin, R. , Forslid, R. , Martin, P. , Ottavino, G. , and Robert-Nicoud, F. , *Economic Geography and Public Policy* (Princeton: Princeton University Press, 2003).

［228］ Balassa, B. , "Trade Creation and Trade Diversion in the European Common Market", *The Economic Journal*, 1967, 77: 1 – 21.

［229］ Barro, R. J. , *Determinants of Economic Growth: A Cross-Country Empirical Study* (Cambridge, MA: MIT Press, 1997).

［230］ Barro, R. J. , "Determinants of Economic Growth: A Cross-Country Empirical Study", Cambridge: National Bureau of Economic Research, Inc. , NBER Working Papers 5698, 1996.

［231］ Barro, R. J. , "Economic Growth in a Cross Section of Countries", *Quarterly Journal of Economics*, 1991, 106 (2): 407 – 444.

［232］ Barro, R. J. , and Sala-i-Martin, X. , "Convergence across States and Regions", *Brookings Papers on Economic Activity*, 1991, 22 (1): 107 – 182.

［233］ Barro, R. J. , and Sala-i-Martin, X. , *Economic Growth* (Cambridge: MIT Press, 1995) .

［234］ Baumol, W. J. , "Productivity Growth, Convergence, and Welfare: What the Long-run Data Show", *American Economic Review*, 1986, 76 (5): 1072 – 1085.

［235］ Baumol, W. J. , and Wolff, E. N. , "Productivity Growth, Convergence, and Welfare: Reply", *American Economic Review*, 1988, 78 (5): 1155 – 1159.

［236］ Bayoumi, T. , and Eichengreen, B. , "Ever Closer to Heave and

Optimum-currency-area Index for European Countries", *European Economic Review*, 1997, 41 (3): 761 −770.

[237] Bayoumi, T, and MacDonald, R., "Eviations of Exchange Rates from Purchasing Power Parity: A Story Featuring Two Monetary Unions", IMF Staff Discussion Paper 46, 1999.

[238] Ben-David, D., "Convergence Clubs and Subsistence Economies", *Journal of Development Economics*, 1998, 55 (1): 155 −171.

[239] Bernard, A. B., and Durlauf, S. N., "Convergence in International Output", *Journal of Applied Econometrics*, 1995, 10 (2): 97 −108.

[240] Brülhart, M., "Evolving Geographical Concentration of European Manufacturing Industries", *Weltwirtschaftliches Archiv*, 2001, 137 (2): 215 −243.

[241] Bungsche, H., "Regional Economic Integration and the Automobile Industry: Automobile Policies, Division of Labour, Production Network Formation and Market Development in the EU and ASEAN", *International Journal of Automotive Technology and Management*, 2018, 18 (4): 345 −370.

[242] Caner, M., and Hansen, B. E., "Threshold Autoregression with a Unit Root", *Econometrica*, *Econometric Society*, 2001, 69 (6): 1555 −1596.

[243] Canova, F., "Testing for Convergence Clubs in Income Per Capita: A Predictive Density Approach", *International Economic Review*, 2004, 45 (1): 49 −77.

[244] Carlino, G. A., and Mills, L. O., "Are U. S. Regional Incomes Converging? A Time Series Analysis", *Journal of Monetary Economics*, 1993, 32 (2): 335 −346.

資源型経済発展新視野：晋－京津冀一体化

[245] Cass, D. , "Optimum Growth in an Aggregative Model of Capital Accumulation", *Review of Economic Studies*, 1965, 32 (3): 233 –240.

[246] Chatterji, M. , "Convergence Clubs and Endogenous Growth", *Oxford Review of Economic Policy*, 1992, 8 (4): 57 –69.

[247] Chowdhury, K. , and Malik, G. , "Pair-wise Output Convergence in East Asia and the Pacific: An Application of Stochastic Unit Root Test", Economics Working Papers wp07 –07, Wollongong, University of Wollongong, 2007.

[248] Combes, P. P. , "Economic Structure and Local Growth: France, 1984 –1993", *Journal of Urban Economics*, 2000, 47 (3): 329 –355.

[249] Cooper, C. A. , and Massell, B. F. , "A New Look at Customs Union Theory", *Economic Journal*, 1965a, 75: 742 –747.

[250] Cooper, C. A. , and Massell, B. F. , "Towards a General Theory of Customs Union for Developing Countries", *Journal of Political Economy*, 1965b, 73: 461 –476.

[251] Dallerba, S. , "Distribution of Regional Income and Regional Funds In Europe 1989 –1999: An Exploratory Spatial Data Analysis", *The Annals of Regional Science*, 2005, 39 (1): 121 –148.

[252] Delong, B. J. , "Productivity Growth, Convergence and Welfare: Comment", *American Economic Review*, 1988, 78 (5): 1138 –1154.

[253] Desdoigts, A. , "Patterns of Economic Development and the Formation of Clubs", *Journal of Economic Growth*, 1999, 4 (3): 305 –330.

[254] Drennan, M. P. , Lobo, J. , and Strumsky, D. , "Unit Root Tests of Sigma Income Convergence across Metropolitan Areas of the U. S. ", *Journal of Economic Geography*, 2004, 4 (5): 583 –595.

[255] Egger, P. , and Pfaffermayr, M. , "On Testing Conditional Sigma-

· 238 ·

Convergence", *Oxford Bulletin of Economics and Statistics*, 2009, 71 (4): 453 - 473.

[256] Fallahi, F., and Rodríguez, G., "Persistence of Unemployment in the Canadian Provinces", *International Regional Science Review*, 2011, 34 (4): 438 - 458.

[257] Feldstein, M., and Horioka, C., "Domestic Saving and International Capital Flows", *Economic Journal*, 1980, 90: 314 - 329.

[258] Fischer, M. M., and Stirböck, C., "Pan-European Regional Income Growth and Club-Convergence-Insights from a Spatial Econometric Perspective", ERSA Conference Papers Ersa05p6, European Regional Science Association, 2005.

[259] Fleming, J., M., "On Exchange Rate Unification", *Economic Journal*, 1971, 81 (323): 467 - 488.

[260] Frankel, J., and Rose, A., "The Endogeneity of The Optimum Currency Area Criteria", *The Economic Journal*, 1998, 108 (449): 1009 - 1025.

[261] Henderson, V., "Externalities and Industrial Development", *Journal of Urban Economics*, 1997, 42 (3): 449 - 470.

[262] Herrmann, S., and Winkler, A., "Financial Markets and the Current Account: Emerging Europe versus Emerging Asia", *Review of World Economics*, 2009, 145 (3): 531 - 550.

[263] Ingram, J., "The Currency Area Problem", in Mundell, R., and Swoboda, A. eds., *Monetary Problems of the International Economy* (Chicago: University of Chicago Press, 1969).

[264] Iwamoto, Y., and van Wincoop, E., "Do Borders Matter? Evidence from Japanese Regional Net Capital Flows", *International*

Economic Review, 2000, 41（1）: 241 - 269.

[265] Jin, H., Qian, Y. Weingast, B. R., "Regional Decentralization and Fiscal Incentives: Federalism, Chinese Style", *Journal of Public Economics*, 2000, 89（9 - 10）: 1719 - 1742.

[266] Jones, C. I., "Convergence Revisited", *Journal of Economic Growth*, 1997, 2（2）: 131 - 153.

[267] Kapetanios, G., Shin, Y., and Snell, A., "Testing for a Unit Root in the Nonlinear STAR Framework", *Journal of Econometrics*, 2003, 112（2）: 359 - 379.

[268] Keller, W., and Yeaple, S., "Multinational Enterprises, International Trade and Productivity Growth: Firm-level Evidence from the United States ", *Review of Economics and Statistics*, 2009, 4: 821 - 831.

[269] Kenen, P., " The Theory of Optimum Currency Areas: An Eclectic View", in Mundell, R., and Swoboda, A. eds., *Monetary Problems of the International Economy* (Chicago: University of Chicago Press, 1969).

[270] Koopmans, T. C., " On the Concept of Optimal Economic Growth", in *The Econometric Approach to Development Planning* (Amsterdam: North-Holland Publishing Co., 1965).

[271] Krugman, P., and Venables, A. J., "Integration, Specialization, and Adjustment", *European Economic Review*, 1996, 40（3 - 5）: 959 - 967.

[272] Krugman, P. R., *Geography and Trade* (Cambridge: MIT Press, 1992).

[273] Kumar, A., "Economic Reform and the Internal Division of Labor in China: Production, Trade and Marketing", in Goodman, D. S. G., and Segal, G. eds., *China Deconstructs: Politics, Trade and*

Regionalism (London: Routledge, 1994).

[274] Leybourne, S., Mills, T., and Newbold, P., "Spurious Rejections by Dickey-Fuller Test in the Presence of a Break under the Null", *Journal of Econometrics*, 1998, 87 (1): 191 -203.

[275] Li, Q., and Papell, D., "Convergence of International Output Time Series Evidence for 16 OECD Countries", *International Review of Economics and Finance*, 1999, 8 (3): 267 -280.

[276] Lipsey, R. G., "The Theory of Customs Unions: A Genery Survey", *Economic Journal*, 1960, 70: 496 -513.

[277] Lucas, R., "On the Mechanics of Economic Development", *Journal of Monetary Economics*, 1988, 162.

[278] Mankiw, N. G., Romer, D., and David, N. W., "A Contribution to the Empirics of Economic Growth", *Quarterly Journal of Economics*, 1992. 107 (2): 407 -437.

[279] Mas, M., Maudos, J., Pérez, F., and Uriel, E., "Public Capital and Convergence in the Spanish Regions", *Entrepreneurship and Regional Development*, 1995, 7 (4): 309 -327.

[280] McKinnon, R., "Optimum Currency Areas", *American Economic Review*, 1963, 53: 717 -725.

[281] Meade, J. E., *Problems of EconomicUnion* (London: Allen & Unwin, 1953).

[282] Meade, J. E., *The Theory of Customs Union* (Amsterdam: North-Holland Publishing Co., 1955).

[283] Nahar, S., and Inder, B., "Testing Convergence in Economic Growth for OECD Countries", *Applied Economics*, 2002, 34 (16): 2011 -2022.

[284] Narayan, P. K., and Narayan, S., "Are Real Exchangerates

Nonlinear with a Unit Root. Evidence on PPP for Italy: A Note", Applied Economics, 2007, 39 (19): 2483 – 2488.

[285] Naughton, B., "How Much Can Regional Integration Do to Unify China's Markets?", Paper on Conference for Research on Economic Development and Policy Research, Stanford University, 1999.

[286] Obermauer, A., "Regional Development in Japan: The Effect of Transportation Systems on Industrial Location Decision", World Transport Research: Selected Proceedings of the 8th World Conference on Transport Research, Antwerp: Antwerp, International Transport Forum, 1998: 71 – 84.

[287] Oi, C. J., "Fiscal Reform and the Economic Foundations of Local State Corporatism in China", *World Politics*, 1992, 45 (1): 99 – 126.

[288] Poncet, S., "Measuring Chinese Domestic and International Integration", China Economic Review, 2003, 14: 1 – 21.

[289] Quah, D. T., "Empirics for Economic Growth and Convergence", *European Economic Review*, 1996, 40 (6): 1353 – 1375.

[290] Rebelo, S. T., "Long-run Policy Analysis and Long-run Growth", *Journal of Political Economy*, 1991, 99 (3): 500 – 521.

[291] Rita, D. S., and Marcella, D., "A New Approach for β-convergence Estimation in Italy", University of Naples Parthenope, MPRA Paper No. 5643, 2007.

[292] Romer, P., "Endogenous Technological Change", *Journal of Political Economy*, 1990, 98 (5): 71 – 102.

[293] Romer, P., "Increasing Returns and Long-Run Growth", *Journal of Political Economy*, 1986, 94 (5): 1002 – 1037.

[294] Rumayya, W. W., and Erlangga, A. L., "Club convergence and

regional spillovers in East JAVA ", *Regional Economic Development*, 2005, 17 (1): 1315 – 1445.

[295] Sachs, J. D. , and Warner, A. M. , "Economic Convergence and Economic Policies", NBER Working Papers 5039, 1995.

[296] Sala-i-Martin, X. , "15 Years of New Growth Economics: What Have we Learnt?", *Journal Economía Chilena*, 2002, 5 (2): 5 – 15.

[297] Scitovsky, T. , *Economic Theory and Western European Integration* (London: Allen & Un-win, 1960).

[298] Slam, N, "Growth Empirics: A Panel Data Approach", *Quarterly Journal of Economics*, 1995, 110 (4): 1127 – 1170.

[299] Solow, R. M. , " A Contribution to the Theory of Economic Growth", *Quarterly Journal of Economics*, 1956, 70 (1): 65 – 94.

[300] Swan, T. W. , "Economic Growth and Capital Accumulation ", *Economic Record*, 1956, 32 (63): 34 – 361.

[301] Taylor, A. M. , "Potential Pitfalls for the Purchasing Power Parity Puzzle? Sampling and Specification Biases in Mean Reversion Test of the Law of One Price", Working Paper No. 7577, 2006.

[302] Taylor, M. P. , Peel, D. A. , and Sarno, L. , "Nonlinear Mean-reversion in Real Exchange Rates: Toward a Solution to the Purchasing Power Parity Puzzles", *International Economic Review*, 2001, 42: 1015 – 1042.

[303] Tower, E. , and Willett, T. , "The Theory of Optimum Currency Area and Exchange Rate Flexibility ", International Finance Section, Princeton University, No. 11, 1976.

[304] Tsionas, E. , "Regional Growth and Convergence: Evidence from the United States", *Regional Studies*, 2000, 34 (3): 231 – 238.

［305］Tunali, C. B. , and Yilanci, V. , "Are Per Capita Incomes of MENA Countries Converging or Diverging?", *Physica A：Statistical Mechanics and Its Applications*, 2010, 389 （21）：4855 – 4862.

［306］Viner, J. , *The Customs Union Issue* （New York：Carnegie Endowment for International Peace, 1950）.

［307］Young, A. , "The Razor's Edge：Distortion and Incremental Reform in the People's Republic of China", *Quarterly Journal of Economics*, 2000, 115 （4）：1091 – 1135.

图书在版编目（CIP）数据

资源型经济发展新视野：晋－京津冀一体化／张婷
著．－－北京：社会科学文献出版社，2021.12
ISBN 978 - 7 - 5201 - 9526 - 3

Ⅰ．①资… Ⅱ．①张… Ⅲ．①区域经济发展－资源经
济－转型经济－研究－华北地区 Ⅳ．①F127.2

中国版本图书馆 CIP 数据核字（2021）第 274170 号

资源型经济发展新视野：晋 －京津冀一体化

著　　者／张　婷

出 版 人／王利民
责任编辑／史晓琳
责任印制／王京美

出　　版／社会科学文献出版社·国际出版分社（010）59367142
　　　　　　地址：北京市北三环中路甲 29 号院华龙大厦　邮编：100029
　　　　　　网址：www. ssap. com. cn
发　　行／社会科学文献出版社（010）59367028
印　　装／三河市尚艺印装有限公司

规　　格／开本：787mm × 1092mm　1/16
　　　　　　印 张：15.75　字 数：211 千字
版　　次／2021 年 12 月第 1 版　2021 年 12 月第 1 次印刷
书　　号／ISBN 978 - 7 - 5201 - 9526 - 3
定　　价／98.00 元

读者服务电话：4008918866